ひっぱって、ゆらすだけ！

皮下脂肪はがし

パーソナルトレーナー・鍼灸師
柴 雅仁

体が勝手に
燃えたがる！

主婦の友社

まずは はがしましょう

新事実!

やせたいなら、

皮下脂肪を

ダイエットをがんばっても、
やせたい部分が、なかなか細くならない……。
運動は大切だとわかってはいるものの、
なんだか体が重だるくて、その気になれない……。
そんな人は、筋肉にべったりはりついた
皮下脂肪を、ひっぱってゆらしてみてください。
特別なテクニックは、何も必要ありません。
筋肉がほぐれて、スムーズな動きが身につくから
体がどんどん軽く、ラクになるのを感じるはず。
さあ、いますぐ一緒にトライしてみましょう!

パーソナルトレーナー・鍼灸師
柴 雅仁

「皮下脂肪はがし」は
こんな人におすすめです!

“自分の体、このままで大丈夫？
そう感じたら、いまこそ始めどき。
マッサージに行く時間はなくても
「皮下脂肪はがし」メソッドがあれば
かたくなった筋肉を、いつでも
簡単にほぐすことができるんです！”

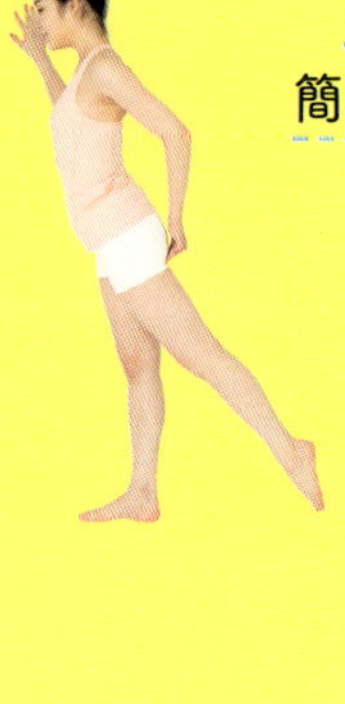

☑ Check!
ひとつでも 要はがし

- ☐ 動くのがめんどう
- ☐ 変な部分が出っ張る
- ☐ 疲れやすく体が重だるい
- ☐ 運動すると体がガチガチ
- ☐ 肩や腰がこりやすい
- ☐ がんばってもやせない
- ☐ むくみがち・冷えがち
- ☐ 基本的にズボラで不器用

ひっぱって、ゆらすだけ！ 皮下脂肪はがし

Contents

やせたいなら、まずは皮下脂肪をはがしましょう　2

「皮下脂肪はがし」はこんな人におすすめです！　4

まんが「皮下脂肪はがし」　10

「皮下脂肪はがし」の基本は〝はがす〟⇒〝動かす〟の2ステップ！　16

筋肉にべったり張りついた皮下脂肪を〝はがす〟効果　18

〝スムーズに動く筋肉〟がやせやすい体をつくる　20

体が変わった！「皮下脂肪はがし」モニター体験報告　22

ダンサーカップルの「皮下脂肪はがし」物語　27

皮下脂肪のはがし方　28

皮下脂肪はがしのギモンをすべて解消！Q&A　30

筋肉本来の動きをとり戻す クロスポイントの役割　32

Part 1

下半身の皮下脂肪はがし

ふくらはぎ 38
おしり 44
太もも 50

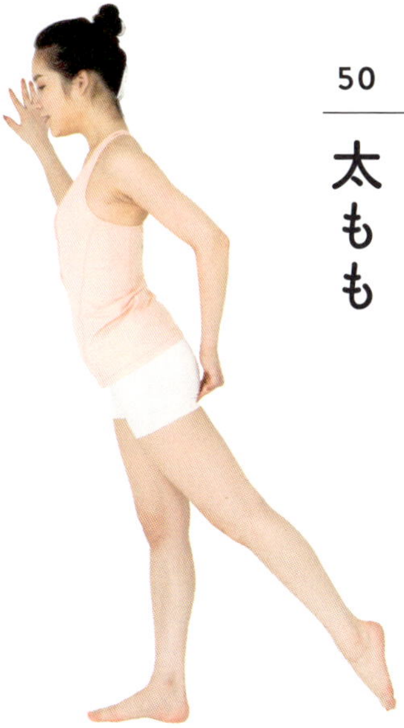

column 56
ひざ裏をピン！と伸ばしすぎた姿勢に注意

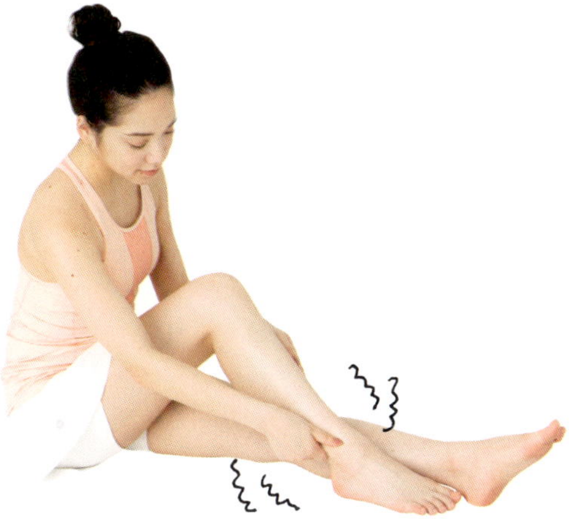

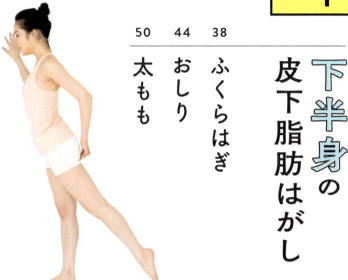

Part 2

上半身の皮下脂肪はがし

下腹 58
わき腹 62
腰〜背中 68
わきの下 74
二の腕 80
肩まわり 86

Part 3

顔まわりの皮下脂肪はがし

あご・首まわり 92
ほお 98

Part 4

パーツ別 引き締めエクササイズ

104 やせたい部分の筋肉がターゲット！ 引き締めエクササイズのススメ

106 **下半身エクササイズ**

108 太もも・おしりアップ

110 足パカ内転筋トレ

112 ワイドスクワット

114 **上半身エクササイズ**

116 足上げ下腹エクササイズ

118 わき腹クロス腹筋

120 ピストル背面スライダー

122 手のひら返し背筋

124 二の腕プッシュアップ

126 おわりのメッセージ

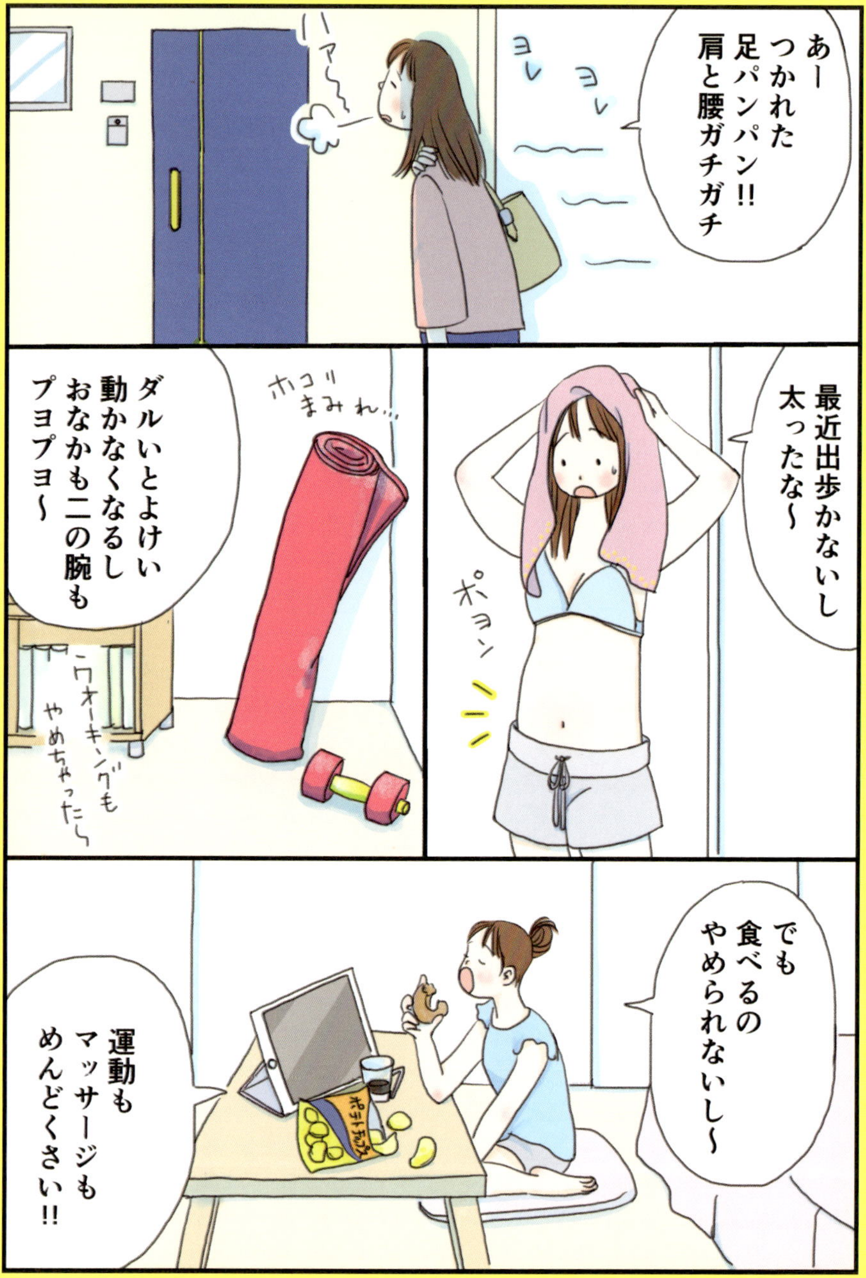
あー
つかれた
足パンパン!!
肩と腰ガチガチ
ハァ〜〜
ヨレ
ヨレ
最近出歩かないし
太ったな〜
ポヨン
ダルいとよけい
動かなくなるし
おなかも二の腕も
プヨプヨ〜
ホコリまみれ…
ウォーキングも
やめちゃったら〜
でも
食べるの
やめられないし〜
運動も
マッサージも
めんどくさい!!

それ、
脂肪と筋肉が
くっついちゃって
ますね!!
ギョッ
誰
!?
柴 雅仁
ツイッターフォロワー11・8万人!
パーソナルトレーナー、鍼灸師
from Twitter
皮下脂肪がかたくなって
筋肉とべったりくっつくと
筋肉の動きが悪くなり
体が動かしにくくなる!!
皮膚
皮下脂肪
筋肉
体がこったり痛みが出たり
ダルくなったりして
運動量が減ったり
腰ダル〜〜
代謝が落ちたり
運動効率が悪くなる
結果的に
太りやすくなります
動きたくな〜い
だらり〜ん

ど…
どうすれば?
皮下脂肪を筋肉からはがせば体は勝手に動きたがります
コリや痛みやダルさも改善!
皮下脂肪はがしのやり方は、とっても簡単!!
STEP 1
はがす
ひっぱって
うにょ〜〜ん
ゆらすだけ
うに
うに
試しにやってみましょう
意外とイタ〜イ!!
脂肪がかたくくっついてる人は最初は痛いんです

あれ?イタイのがだんだん気持ちよくなってきた!
じわあ
なんだかポカポカする感じ
筋肉の動きが引き出されて血流がよくなったサインですね
STEP2 動かす
STEP1「はがす」の次は STEP2「動かす」です
体本来の動きができるように筋肉を使ってあげましょう
二の腕をねらうならひじの裏側をさわって…
手はピストルの形にするとわきの筋肉に刺激が入りますよ

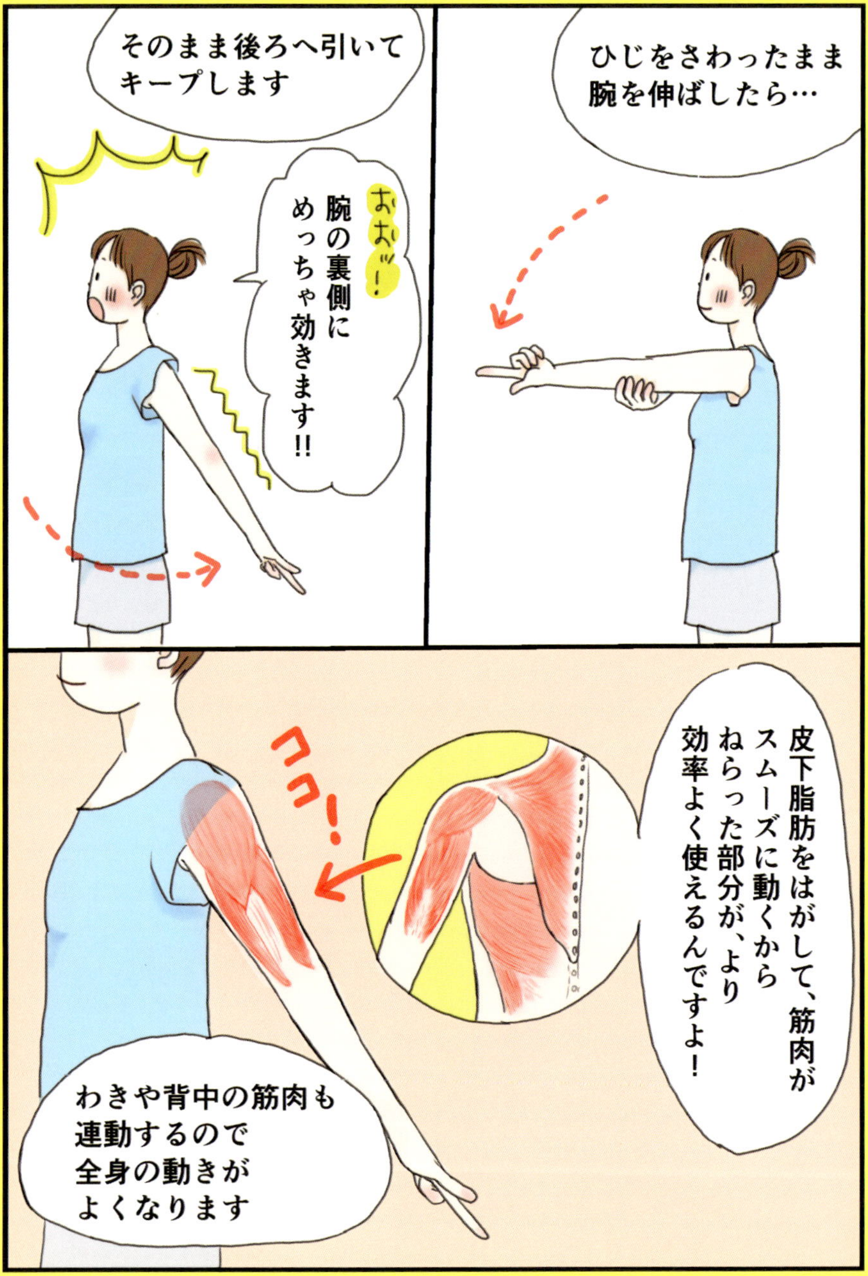
ひじをさわったまま
腕を伸ばしたら…
そのまま後ろへ引いて
キープします
おおッ!
腕の裏側に
めっちゃ効きます!!
皮下脂肪をはがして、筋肉が
スムーズに動くから
ねらった部分が、より
効率よく使えるんですよ!
ココ!
わきや背中の筋肉も
連動するので
全身の動きが
よくなります

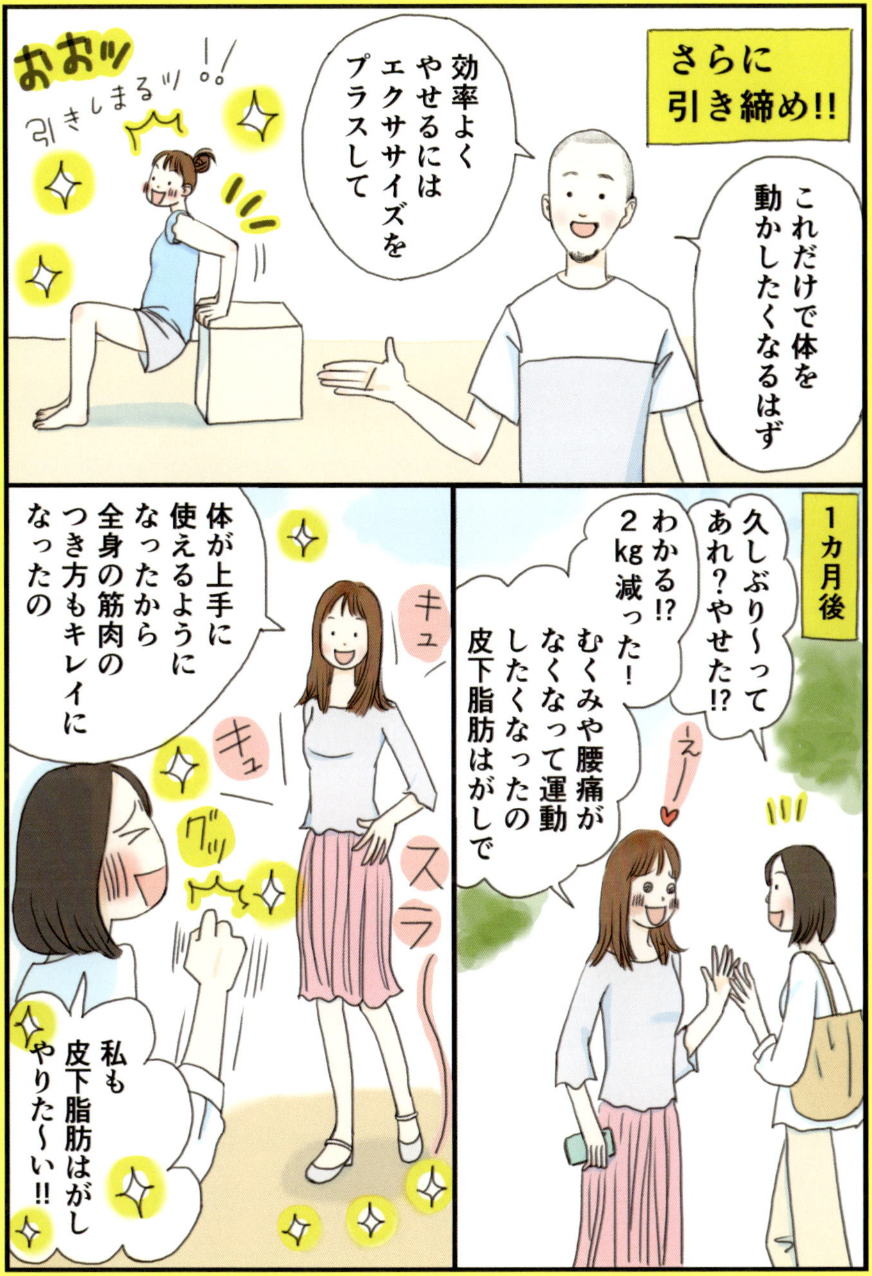
さらに引き締め!!
これだけで体を動かしたくなるはず
効率よくやせるにはエクササイズをプラスして
おおッ
引きしまるッ!!
1カ月後
久しぶり〜ってあれ?やせた!?
わかる!? 2kg減った!
むくみや腰痛がなくなって運動したくなったの皮下脂肪はがしで
え〜
体が上手に使えるようになったから全身の筋肉のつき方もキレイになったの
キュ
キュ
グッ
スラ
私も皮下脂肪はがしやりた〜い!!

“動かす”の

“「皮下脂肪はがし」の目的は、脂肪がくっついて動きが悪くなった筋肉をほぐし、本来の使い方を身につけること。疲れにくく、内側から引き締まった体づくりのため、ぜひ習慣にしましょう！”

STEP 1

はがす

筋肉にくっついた皮下脂肪を
つまんでひっぱり、
ゆらします。痛みがあれば
筋肉がかたくなって
脂肪が癒着しているサイン！

まずは筋肉から
皮下脂肪を
はがして…

＼「皮下脂肪はがし」の基本は／

“はがす”2ステップ！

STEP 2

動かす

皮下脂肪をはがしたあとは
運動理論にもとづいて、
筋肉を効率よく動かします。
ちょっと不思議な動きにも
ちゃーんと意味があるんです！

やせたい部分の
筋肉を思い切り
動かします！

皮下脂肪はがしの秘密 01

“はがす”効果

「皮下脂肪をはがすって、どういうこと？」

ここではまず、そんな疑問にお答えしましょう。左の図でわかるように、筋肉の上に皮下脂肪があり、その上に皮膚があります。ところが、アンバランスな体の使い方などで筋肉がかたくなると、**筋肉に皮下脂肪が張りついてしまいがちに。**すると筋肉の動きが悪くなり、かたまってしまうため、こりや疲労感、ダルさを引き起こす原因に。また周辺の血流や代謝も低下して、**さらに硬直した筋肉の上に皮下脂肪がどんどん蓄積する**……という悪循環に陥ってしまうのです。

「皮下脂肪はがし」で痛みを感じるのは、脂肪が筋肉にべったり張りついている証拠。けれど続けると多くの人がポカポカ温かく感じるのは、血流がアップしたサインでもあります。**かたまった筋肉をほぐし、本来のスムーズな動きをとり戻す。**そんな「皮下脂肪はがし」の効果を、ぜひ体感してみてください。

筋肉にべったり張りついた

皮下脂肪を

皮下脂肪と筋肉の断面図

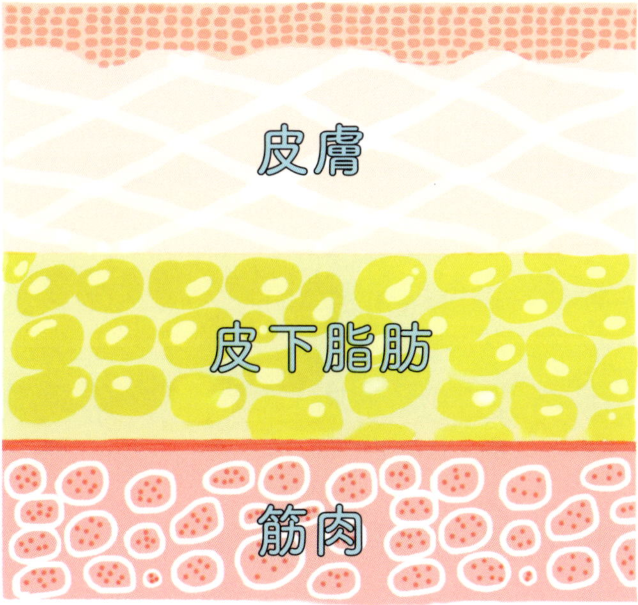

皮下脂肪はがしの秘密 02

動く筋肉”が

やせやすい体をつくる

体が部分的にパツパツ張ったり、変に太くなったり……。その原因になるのが、**まちがった体の使い方や姿勢のくずれなどによって硬直した筋肉**です。すると動くのがおっくうになったり、無理に運動して疲労や痛みを招いてしまったりなど、ドミノ倒しのように不調の連鎖が続いてしまうのです。

さらに、こうして**代謝が衰えた部分に皮下脂肪がたまり、これが筋肉にべったり張りつく**と、筋肉の動きはさらに悪化。気になる部分をますます太くする原因となってしまいます。

こうした状態でむやみに運動しても、ダイエットの成果はまず上がりません。そこで「皮下脂肪はがし」を行うと、**筋肉本来のスムーズな動きがとり戻され、バランスが整います。**ふだんから軽く動けるようになり、運動を苦と感じない、自然と〝動きたくなる〟体が手に入るのです。運動系のダイエットをするなら、ぜひ「皮下脂肪はがし」を並行してとり入れましょう。

“スムーズに

筋肉から脂肪をはがす！

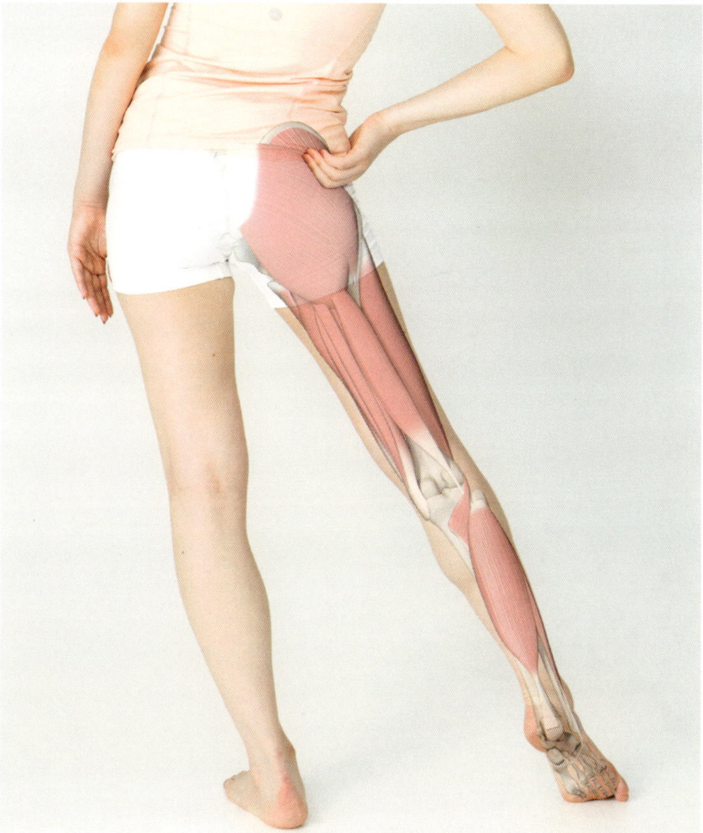

モニター体験報告

下腹の「皮下脂肪はがし」だけで傾いていた骨盤のゆがみが改善。姿勢が整って、おなかも引き上がった!

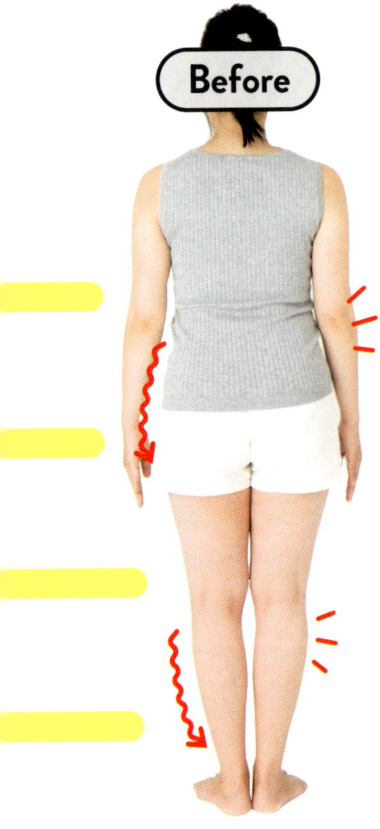

　高校時代からダイエットとリバウンドを繰り返してきたＯさん。２人目出産後は特に、どんどん垂れ下がる下半身が悩みでした。

「皮下脂肪はがしは、へそ上〜下腹までまんべんなく。骨盤底筋の引き上げは最初は感覚がつかめませんでしたが、慣れてきた１週間後に鏡を見ると、おへそがくびれの下から、同じ高さに引き上がっていたんです！　信号待ちなどの間にも実行すると、２週間で立ち姿勢がラクになり、無駄な力が抜けました」。この段階でエクササイズも導入すると、末端の冷えが解消し、体は常にポカポカに変化。「これまでと違い結果がすぐ出るから続けられました。足を上げやすくなり、ドシドシした歩き方も変わりました！」。

柴's Comment

骨盤がゆがむと下腹にも力が入りません。骨盤底筋の引き上げは今後も１日おきに実行すると、いい姿勢がキープできますよ。

体が変わった!
「皮下脂肪はがし」

それぞれのお悩みに合わせたメニューを選んで、約1カ月のモニターチャレンジを実施。体も気分もスッキリ軽くなった、その成果をご紹介します！

エントリーNo.1
Oさん（31才）

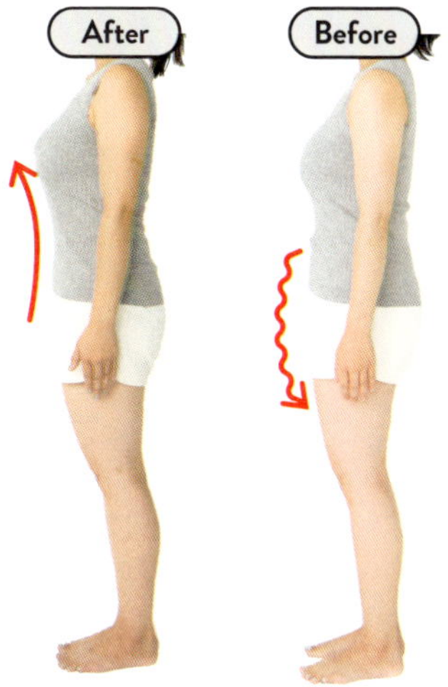

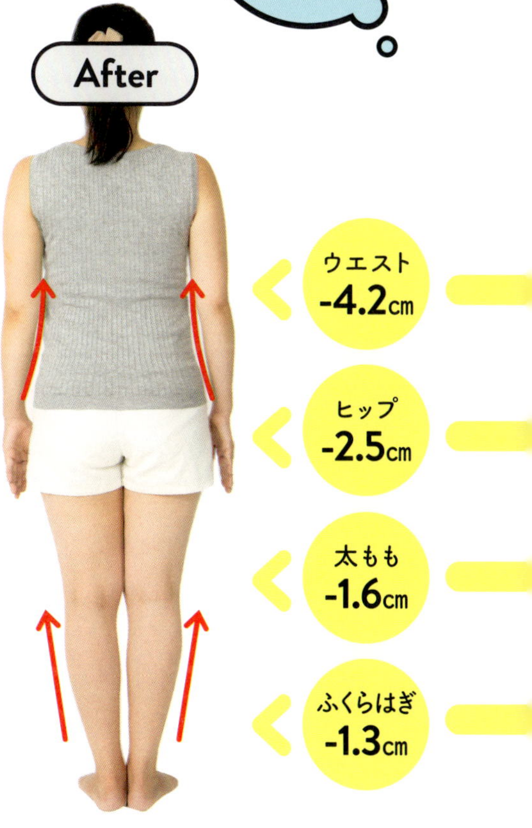

Oさんのチャレンジ MENU

皮下脂肪はがし
- 下腹（p.58）

エクササイズ
- 足上げ下腹エクササイズ（p.116）

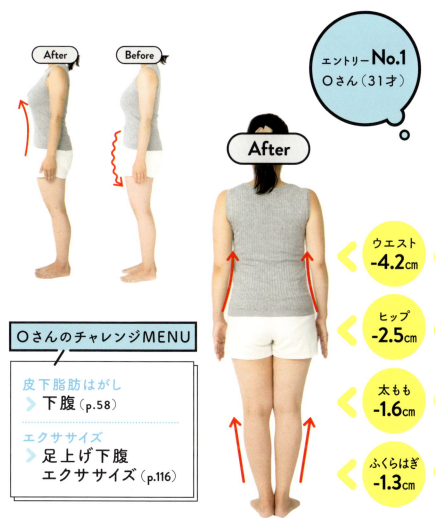

エントリーNo.2
Fさん（38才）

左右のバランスが整って太ももの張りとO脚が改善！お通じは1日2回になりパンツもゆるゆるに

ふだんから、ヨガなどの運動には親しんできたというＦさん。ただ、「左足の内側がうまく使えず、太ももがパンパンに張って……」と、バランスの悪さを感じていたそうです。「太ももの皮下脂肪はがしは痛いけど、お風呂でやると痛みゼロ。多少は痛いほうが、“やってる感”があって好きでした（笑）。そのあと続けてエクササイズをやると、ふだんは力が入りにくい部分に、すごく“効いてる感”があるんです。これまで、どれだけ体がうまく使えていなかったかを痛感しました」と話します。

皮下脂肪はがしで「体の動きやすさが格段に変わった」というＦさんですが、当初は20回が限度だったエクササイズを、いまでは軽々と50回クリア。「筋肉がついたせいか、体重は１kg増に対して、体脂肪率はマイナス１％という結果に。さらに皮下脂肪はがしで体がポカポカすると、内臓が動く感覚もあって。繊維質の食事とあわせてお通じが１日２回になり、ふだんはいていたパンツがゆるゆるになったんですよ！」

さらにＦさんは、「皮下脂肪はがし」を外出前の準備運動にもとり入れたそう。「姿勢が美しく整ってフットワークが軽くなると、ポジティブでカッコいい自分になれる気がします。こうしたマインドへの影響も、うれしい効果でした」。

Fさんのチャレンジ MENU

皮下脂肪はがし

- 太もも（p.50）
- 下腹（p.58）
- わき腹（p.62）

エクササイズ

- ワイドスクワット（p.112）
- 足上げ下腹エクササイズ（p.116）

柴's Comment

太ももがスッキリして、O脚が改善しましたね。内側を向いて左右でバランスの違ったひざが、正面を向いた成果だと思います。

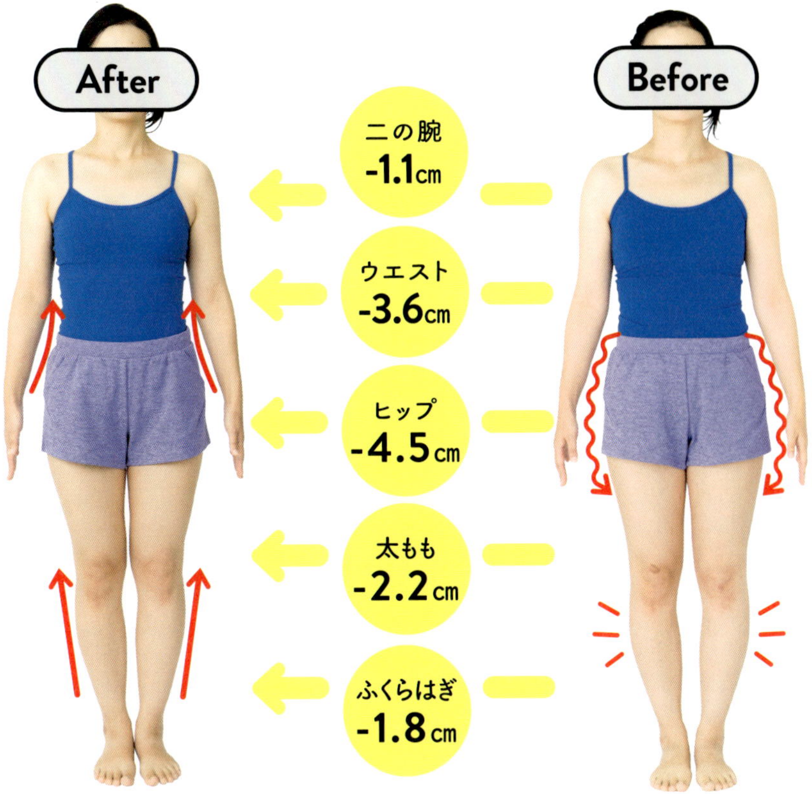
After
Before
二の腕
-1.1cm
ウエスト
-3.6cm
ヒップ
-4.5cm
太もも
-2.2cm
ふくらはぎ
-1.8cm

Back

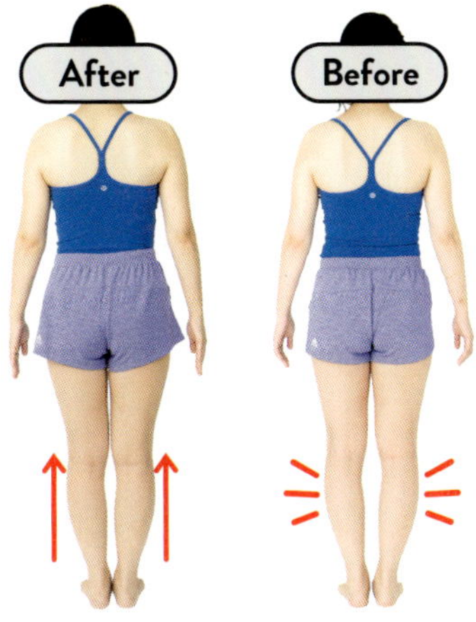
After
Before

Side

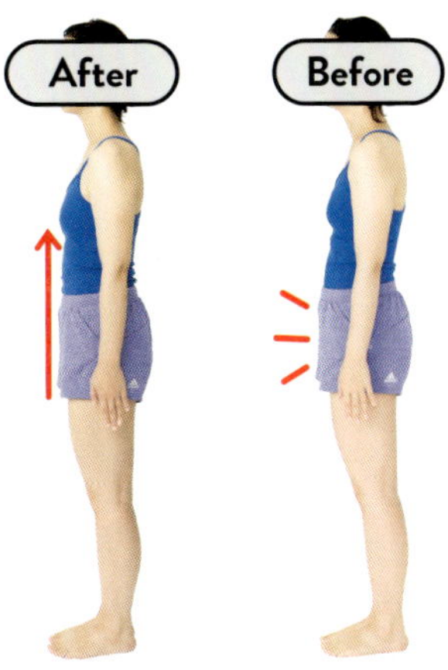
After
Before

エントリーNo.3
Yさん（46才）

運動でかたくなった肉質がフワフワやわらかく変化！むくみもスッキリ改善して2.5kgのダイエットに成功

Yさんは、柔術やトライアスロンもこなすスポーツウーマン。「自分に皮下脂肪はないと思っていたんですが、実はかたかっただけでした（笑）。始めて約２週間後、肉質が急にどんどんやわらかく変化して、いまではフワフワに。モタついていた背中まわりもスッキリして動きもよくなり、たんぱく質多めの食事で2.5kgのダイエットにも成功しました！」

長時間のデスクワークで「いつもダルかった」という体調も改善。「朝の目覚めがよく、下半身がむくまないので体がシャキッと軽いんです。体の無駄なこわばりがないって、こんなに気持ちいいことなんですね」。

柴's Comment

皮下脂肪が筋肉に張りつくと、関節の動きも悪化します。これからも継続して、運動パフォーマンスを上げていきましょう！

Yさんのチャレンジ MENU

皮下脂肪はがし

- おしり（p.44）
- 太もも（p.50）
- 下腹（p.58）
- 腰～背中（p.68）

エクササイズ

- 足上げ下腹エクササイズ（p.116）
- ピストル背面スライダー（p.120）
- 手のひら返し背筋（p.122）

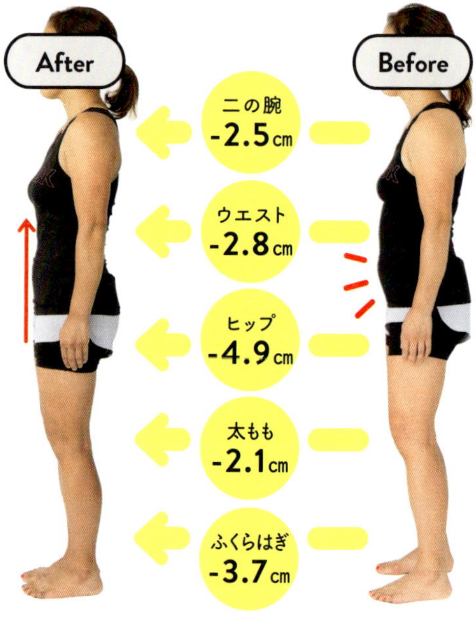

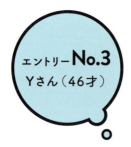

アスリートの体幹づくりにも！

ダンサーカップルの「皮下脂肪はがし」物語

体を使うプロのパフォーマンス向上にも活用される「皮下脂肪はがし」。競技ダンスの世界で活躍するＩさん夫妻にうかがいました。

「社交ダンスに“美しい姿勢”は不可欠ですが、無理して力を入れてもうまくいかず、ひざの痛みも悩みでした。そんなとき、従来とは真逆の“ゆるめる”手法を柴先生のツイッターで発見したんです」と夫のＹさんは振り返ります。

指導はまず、みぞおちのクロスポイント（p.36）をゆるめることからスタート。「練習前の準備運動として、みぞおちに加えて肋骨のキワの皮下脂肪はがしをとり入れました。ここは姿勢を正そうとすると特にかたまりやすい部分だそうですが、続けるうちに痛みも軽減。同時に安定した姿勢がラクに保てるようになり、ダンスの最中もバランスをとりやすくなったのは大きな変化です」。

またパートナーのＡさんも、その恩恵にあずかるひとりです。「ふだん８㎝ヒールをはいて踊るため、体の前傾をカバーするのに腰や背中が縮まって、痛みがありました。反対側のみぞおちはいつも張って、試合前にはよくおなかを壊してしまい……。私にとって皮下脂肪はがしは、そんなストレスに対する“お守り”のようなもの。緊張がほぐれて、実際にうまく踊れる効果も実感しています」。

さらにＩさん夫妻は、気になるパーツごとに皮下脂肪はがしの手法を導入。張りやすいすねのまわりをはがすと「翌日の疲労がグンと軽減されて、痛みも出なくなりました」とＹさん。またＡさんは、下腹にたまりやすい皮下脂肪をはがしたあと、ワイドスクワット（p.112）を行うと、股関節のバランスや重心も整ったそうです。

以前は「とにかくがむしゃらだった」というＩさん夫妻。「皮下脂肪はがし」と出合ったいま、ふたりのダンス人生は新たなステージを迎えているようです。

はがし方 超簡単！

「皮下脂肪はがし」では、筋肉に
くっついた脂肪だけをつまみます。
最初に大きくお肉をつかみ、“うにょ～ん”と
指をすべらせ、たぐり寄せるようにひっぱって。

※「イタ気持ちいいから」とやりすぎると、あとで青アザや痛みになる場合も。
1カ所30秒を目安に、やりすぎに注意しましょう。次ページのＱ＆Ａも参考に！

皮下脂肪のゆらすだけ

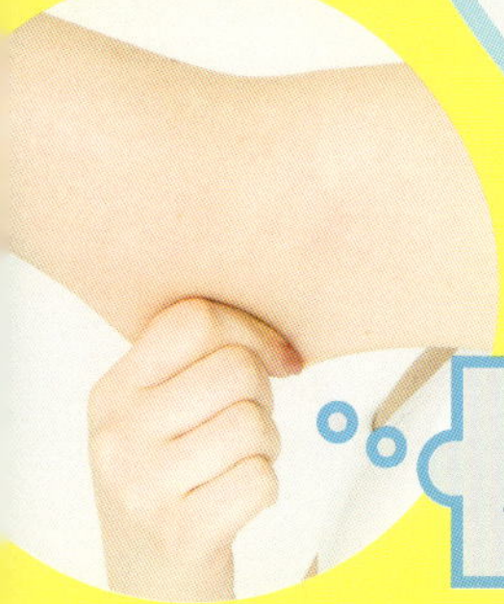

こんな
つまみ方も

指先だけでなく、カギ型に曲げた指の側面を使っても。また、脂肪に厚みがある場合は両手でつまむなど、自分がやりやすい方法でOK！

つまんだ皮下脂肪を小刻みに“うにうに”とゆらすと、かたい部分がフッとゆるむのを感じるはず。縦横に方向を変えてゆらすと、ほぐし効果も大！

＼＼ 教えて！ ／／

皮下脂肪はがしのギモンをすべて解消！

Q&A

Q
お肉がかたくてうまくつまめない部分があります

A
お肉をたぐり寄せさえすれば、皮下脂肪はちゃんととらえられています。指先でしっかりつまめなくても、そのままできる範囲でゆらせばOK。続けるうちに、かたい部分もほぐれてきます。

Q
「皮下脂肪はがし」は、いつやるのがいいですか？

A
いつでもOKですが、血行がよくなってほぐれやすくなる湯船の中や、お風呂上がりに行うと効果大。コリが気になる部分や、運動前後の疲労軽減にとり入れるのもいいですね。

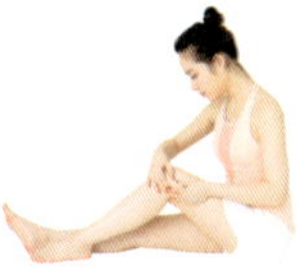

Q

「皮下脂肪はがし」は毎日やってもOK？

A

同じ部位をやる場合は、１～２日ほど間をあけるのがおすすめ。毎日やるなら、場所を少しずつ変えて行いましょう。Part４のエクササイズは、週に２～３回ほどでも効果が期待できます。

Q

痛いのがガマンできません…（涙）

A

痛いのを無理にガマンして行う必要はありません。あくまで「イタ気持ちいい」範囲で、最初は軽めにして様子をみるといいでしょう。お風呂で温まってから行うのもおすすめです。

Q

痛みや青アザが出た場合どうすれば？

A

行うのが30秒以内でも、人によって特に骨のキワなどがヒリヒリしたり、青アザになるケースがあります。１～２日休ませればおさまるので同じ部位を再開するならそのあとにしましょう。

Q

引き締めエクササイズをやるタイミングは？

A

特に最初のうちは、「皮下脂肪はがし」で筋肉の動きをよくしたあとに続けて行うのがおすすめ。運動初心者さんは筋肉痛になることも多いので、おさまるまで数日ダウンタイムをとって。

やせやすい体になる!

筋肉本来の動きをとり戻す クロスポイントの役割（＝筋肉の交差点）

私たちの筋肉は、体の表層にある「アウターマッスル」と、深層にあって骨格を支える「インナーマッスル」の大きく2つに分かれます。そして**現代人の多くが、瞬発力があって使いやすいアウターマッスルばかりを使い、インナーマッスルはうまく使えていない**状態。そこでぜひ意識したいのが、一般社団法人・体軸コンディショニング協会代表理事で、体軸コンディショニングスクール校長の高橋龍三氏が考案した「クロスポイント」です。**両方の筋肉が交差する部分を刺激し、インナーマッスルを使いやすくする〝ツボ〟のようなもの**なので、皮下脂肪はがしやエクササイズのときにもぜひ意識してみてください。

クロスポイントの働き

＼骨格を支える／

インナーマッスル を目覚めさせる

⇕

＼体の表側にある／

アウターマッスル をゆるめる

全身にある14カ所のクロスポイント

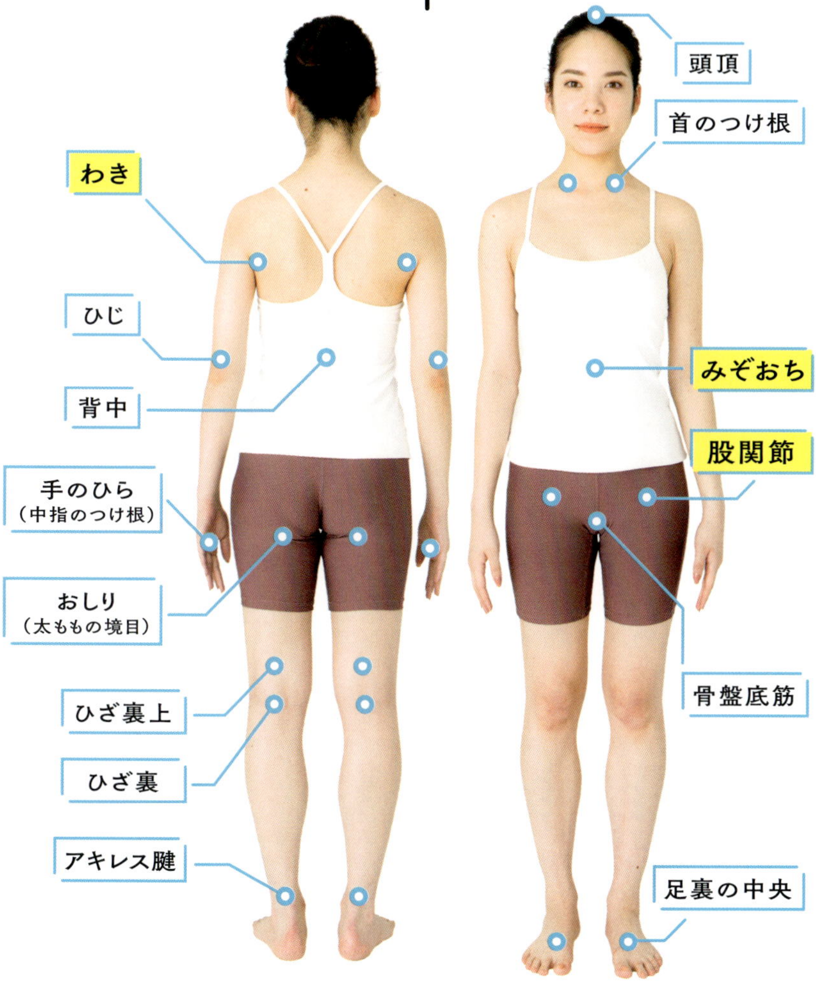

わき　**股関節**　**みぞおち**

← この本で特に重要なクロスポイントを
次ページからくわしくご紹介します！

わきのクロスポイント

インナーマッスルの前鋸筋がきちんと使われると、わきが締まった状態に。肩や腕、背中にも余分な負担がかかりません。

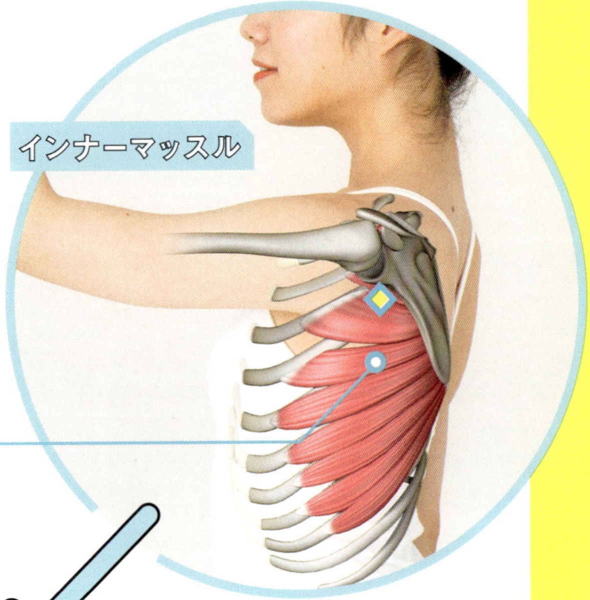

前鋸筋《ぜんきょきん》

肋骨と肩甲骨の内側をつなぎ、肩のスムーズな動きにも欠かせないインナーマッスル。ここを起点に、肩や体幹を安定させる筋肉が連鎖して働く。

筋肉を重ねると…

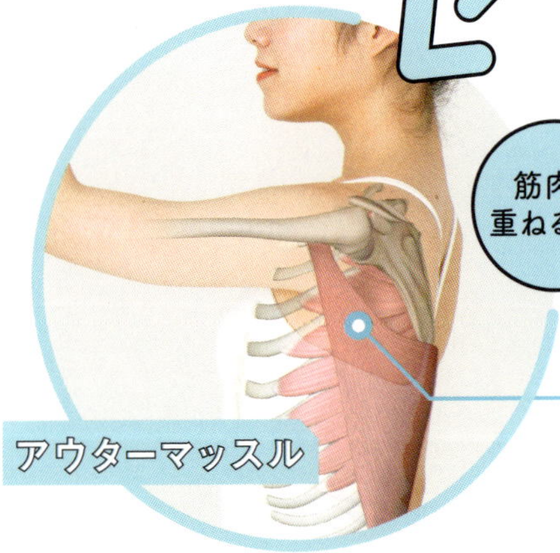

広背筋《こうはいきん》

背骨から広がり上腕までつながる筋肉で、肩や体幹の動きにも影響する。うまく使えてない人が多い筋肉だが、前鋸筋が正しく機能すると、その働きも改善。

股関節のクロスポイント

股関節にある腸腰筋は、上半身と下半身を結ぶ唯一の筋肉。ここが正しく機能することが、足やおなかの筋肉をバランスよく使うカギ。

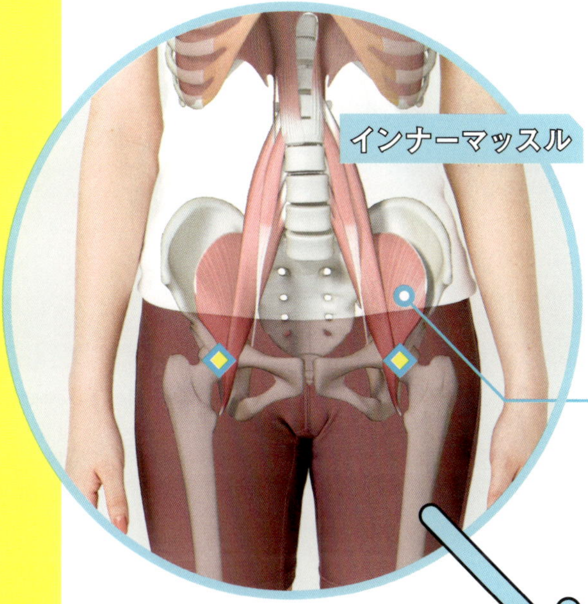

腸腰筋《ちょうようきん》

背骨と骨盤から、股関節を経由して大腿骨をつなぐインナーマッスル。股関節の動きにかかわるほか、姿勢を支えるうえでも重要な役割を持つ。

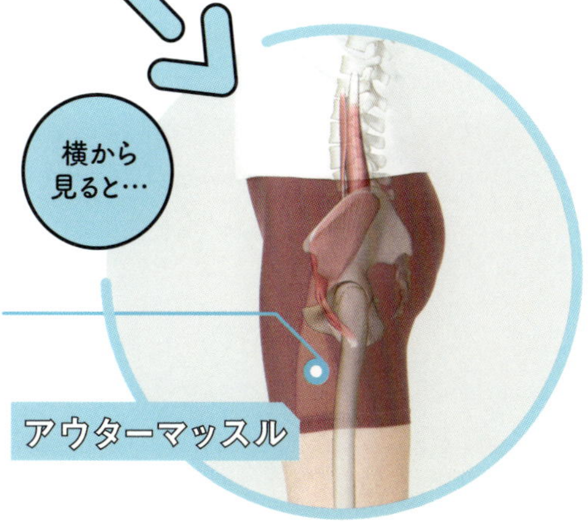

大腿四頭筋《だいたいしとうきん》

骨盤や足のつけ根の大腿骨から、ひざ関節につながる太ももの筋肉群。腸腰筋がうまく働かないと、ももの前側や外側の部分が特に張りやすい。

みぞおちのクロスポイント

おへそから指４本分上のみぞおちは、横隔膜と腸腰筋（p.35）が付着する重要な部分。周辺の皮下脂肪を、ふだんからこまめにはがしておくとgood。

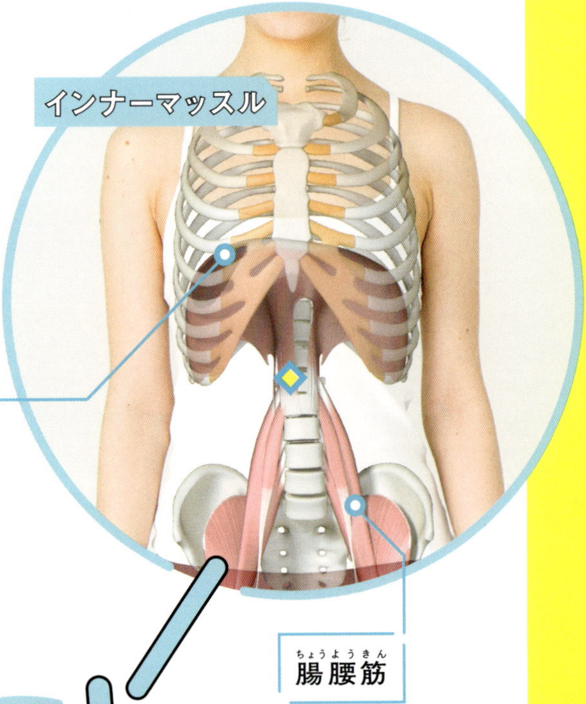

横隔膜《おうかくまく》

肋骨の下側にあり、呼吸に合わせて上下する筋肉。腹圧を高めることで、体幹を支えやすくするインナーマッスルとしての重要な働きもある。

腸腰筋《ちょうようきん》

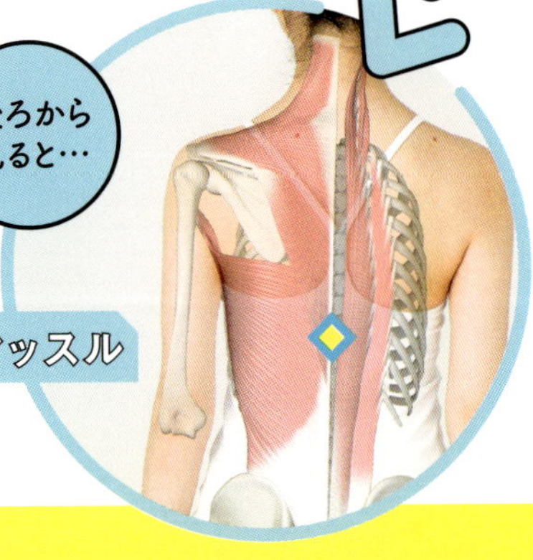

みぞおちのクロスポイントの真裏にある背中のクロスポイントには、横隔膜や腸腰筋のほか、広背筋や僧帽筋、脊柱起立筋などのアウターマッスルがあり、連動させて動きをよくすることが大切。

Part 1

「下半身」の皮下脂肪はがし

ダイエットしても、なかなか細くならない下半身。
それは、体重を支えようと筋肉が不必要に
発達したり、逆に使うべき筋肉が
うまく働いていなかったりする証拠かもしれません。
皮下脂肪をはがして筋肉本来の働きをとり戻し、
脂肪の燃えやすい体に整えていきましょう。

ふくらはぎ

もっこり張り出たふくらはぎ、全体がパツパツしたむくみ足……。こんなお悩みは、ひざ下ばかりを使って**筋肉がアンバランスに発達している**のが原因の一つです。

さらに多くの人が、足首が内側に傾いて土踏まずをつぶす動きをする傾向にあります。そこでSTEP1では、足の外側にある**「腓骨筋」まわりの皮下脂肪をはがし、かたくなった筋肉の動きをよく**します。続くSTEP2では、ここへバランスよく体重がかかるように足首を刺激。ふくらはぎの筋肉に余分な負担をかけないため、**股関節の「腸腰筋」で姿勢を支える感覚**を身につけることも大切です。

STEP 1 はがす → p.40

外に張り出した部分の
皮下脂肪をはがす

STEP 2 動かす → p.42

筋肉をバランスよく使って
ふくらはぎの負担を軽減

ねらうのは
ココ!

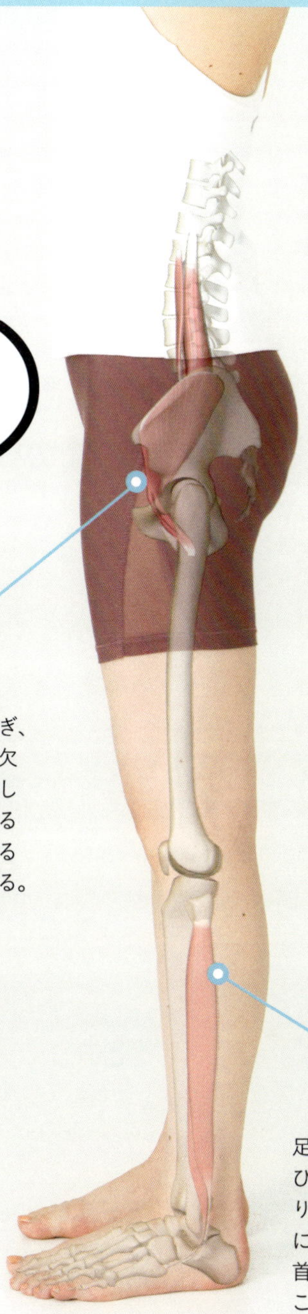

腸腰筋《ちょうようきん》

上半身と下半身をつなぎ、正しい姿勢を保つのに欠かせない筋肉。ここをしっかり使えるようにすると、ふくらはぎにかかる余分な負担が軽減できる。

腓骨筋《ひこつきん》

足の側面から外くるぶし、ひざの外側の骨の出っ張りにつながり、足を外側にそらす働きがある。足首が内側に傾くことで、ここが縮んで硬直しがち。

STEP 1

はがす

外に張り出した部分の皮下脂肪をはがす

ターゲットは、すねの外側にある「腓骨筋」まわりの皮下脂肪。足首のゆがみで硬直した筋肉をゆるめ、バランスを整えます。

1 外くるぶしの上側を指で深くつまみ、引っぱって"うにうに"小刻みにゆらします。縦、横と、向きを変えてまんべんなくやるとgood。

POINT!
途中でかたく、痛い部分があれば皮下脂肪が筋肉にくっついているサイン。イタ気持ちよさを感じるまで、しっかりゆらしてはがしましょう。

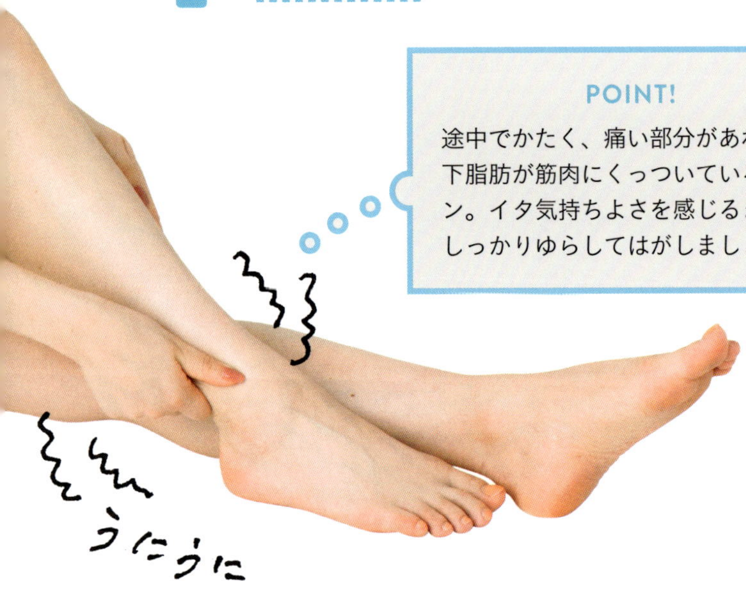

2

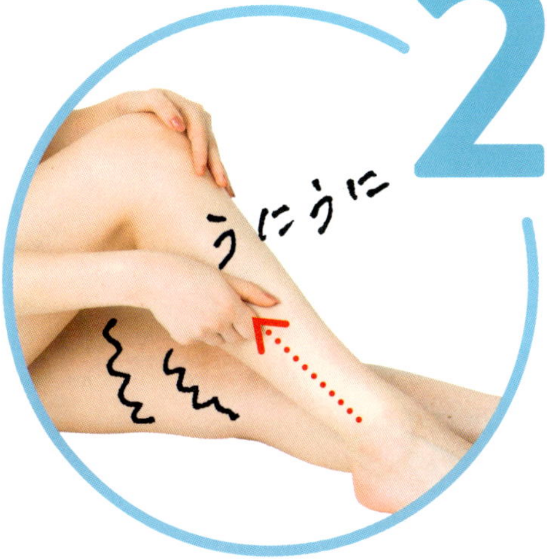

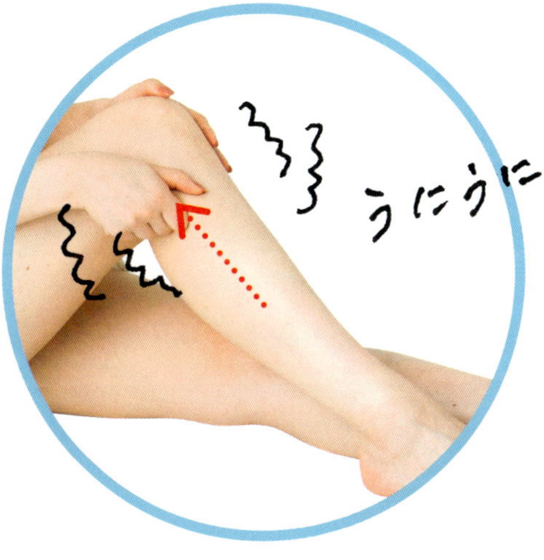

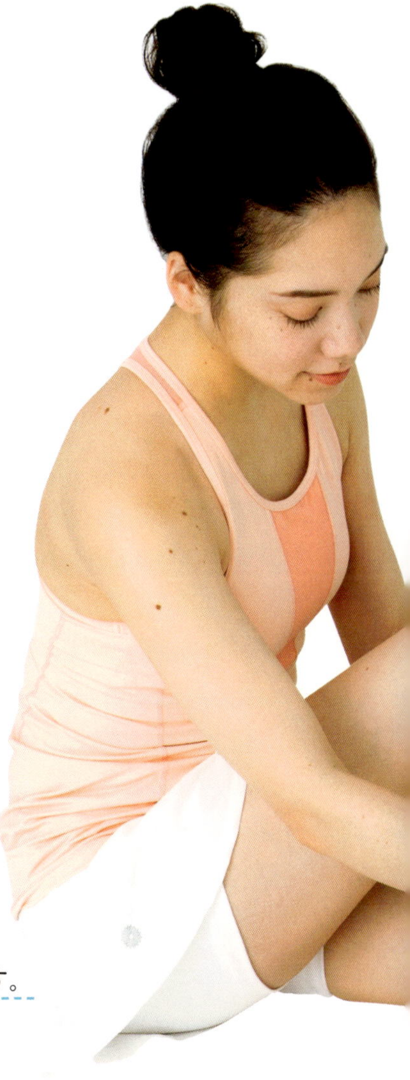

ひざの外側の骨の出っ張りまで、
皮下脂肪をまんべんなく
“うにうに”とゆらしてはがしていきます。
余裕があれば、下まで往復して
反対側も行います。

STEP 2

動かす

筋肉をバランスよく使って
ふくらはぎの負担を軽減

グラつきがちな足首を安定させ、股関節で姿勢を支える感覚が身につくと、ふくらはぎの筋肉がバランスよく使えるように。

1

外くるぶしの下側から
足の裏にかけて、指で
こするようにさすって。
内側に傾きがちな
足首の外側を刺激して、
体重をバランスよく
のせられるように。
反対の足も同様に。

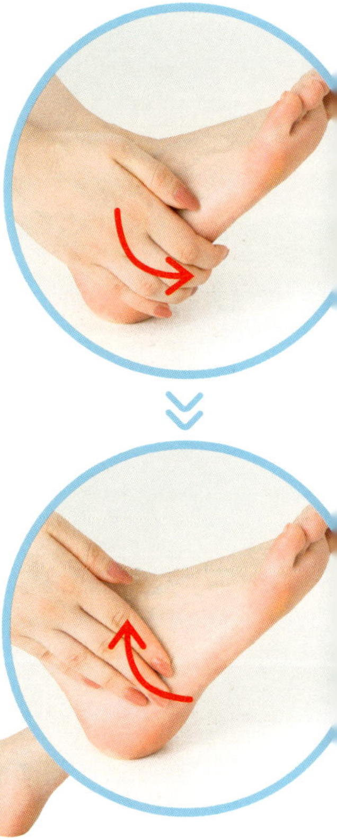

2

股関節の
クロスポイント（p.35）に両手を
当てながら、ひざを軽く曲げて
おしりを引いていきます。
股関節を深く曲げ、もも裏を
ぐぐっと伸ばしましょう。

POINT!

うまく使えない人が多い、もも裏〜
内ももを意識して動かし、股関節で
姿勢を支える感覚を身につけます。
これで、ふくらはぎの負担を軽減！

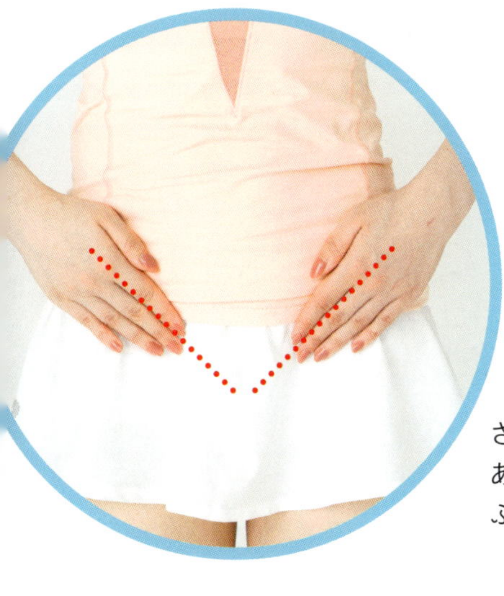

さわるのは恥骨の外側。足のつけ根に
あるそけい部の「腸腰筋」（p.35）に
ふれるように手のひらを沿わせて。

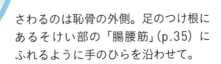

おしり

座りっぱなしのデスクワークや全体的な運動量の低下などで、**ほとんどの現代人はおしりの筋肉をうまく使えていません。**すると使われずにかたくなった筋肉の上に皮下脂肪がたまり、おしりがさらに垂れ下がってしまいます。

そこでぜひ注目してほしいのが「股関節」の動き。**おしりの筋肉は股関節の動きにも大きくかかわり**、STEP1で周辺の皮下脂肪をはがすだけで、股関節がスムーズに動くのを感じられるでしょう。さらにSTEP2では、おしりの骨につながる太ももの筋肉も連動させながら、**足のつけ根からキュッと上がったヒップ**を目指します。

STEP 1 はがす → p.46

足のつけ根をねらって
股関節の動きを引き出す

STEP 2 動かす → p.48

おしりに付着する筋肉を
股関節ごとしっかり動かす

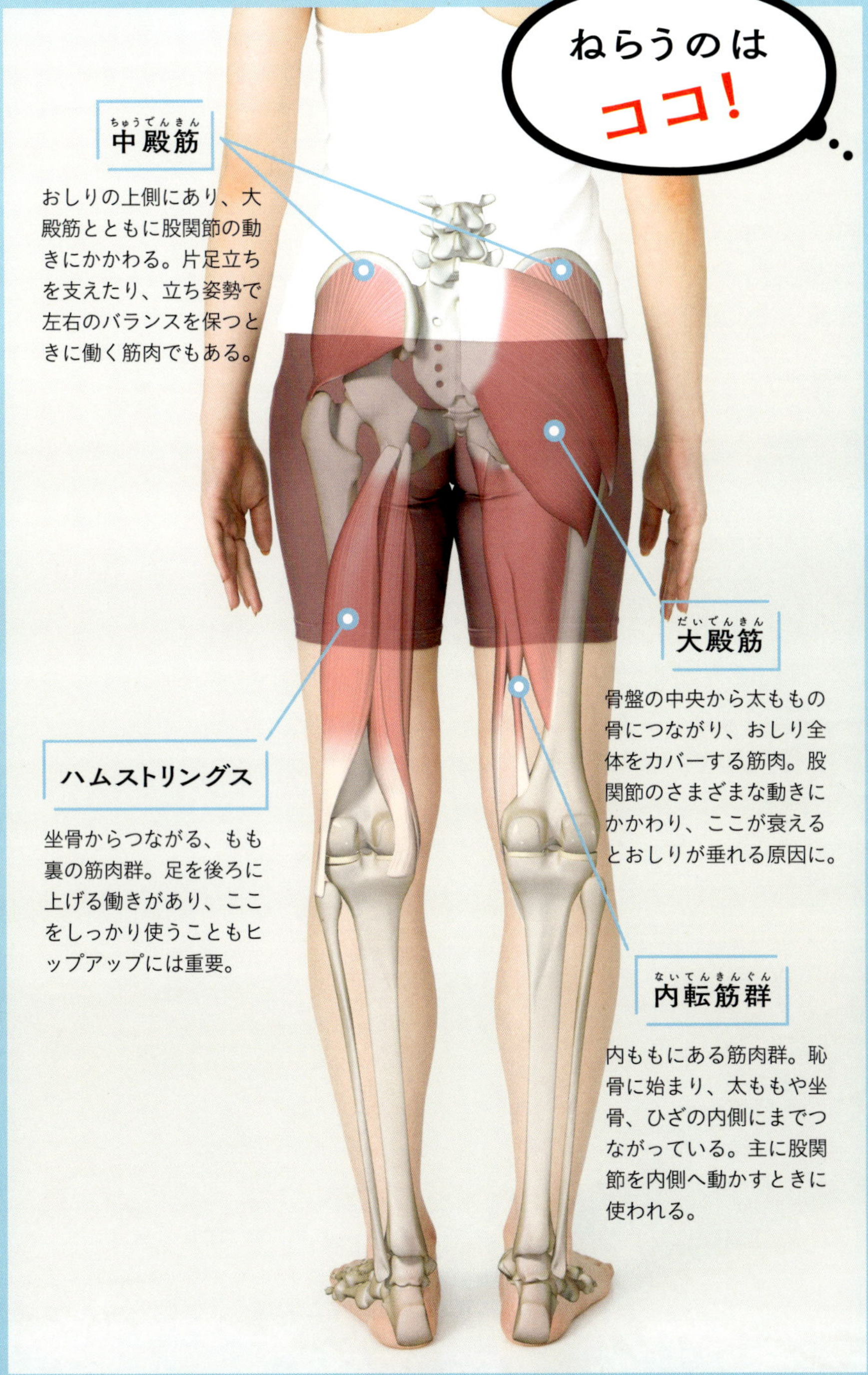

中殿筋《ちゅうでんきん》

おしりの上側にあり、大殿筋とともに股関節の動きにかかわる。片足立ちを支えたり、立ち姿勢で左右のバランスを保つときに働く筋肉でもある。

大殿筋《だいでんきん》

骨盤の中央から太ももの骨につながり、おしり全体をカバーする筋肉。股関節のさまざまな動きにかかわり、ここが衰えるとおしりが垂れる原因に。

ハムストリングス

坐骨からつながる、もも裏の筋肉群。足を後ろに上げる働きがあり、ここをしっかり使うこともヒップアップには重要。

内転筋群《ないてんきんぐん》

内ももにある筋肉群。恥骨に始まり、太ももや坐骨、ひざの内側にまでつながっている。主に股関節を内側へ動かすときに使われる。

STEP 1

はがす

足のつけ根をねらって 股関節の動きを引き出す

足のつけ根には、おしりの大きな筋肉が付着します。ここにある皮下脂肪をつまんでゆらせば、股関節の動きもスムーズに。

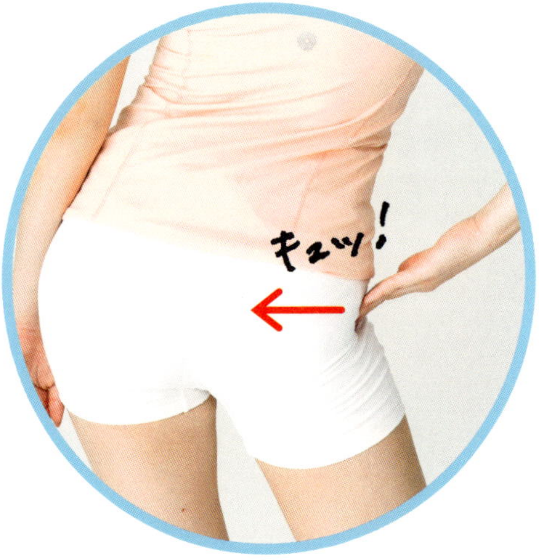

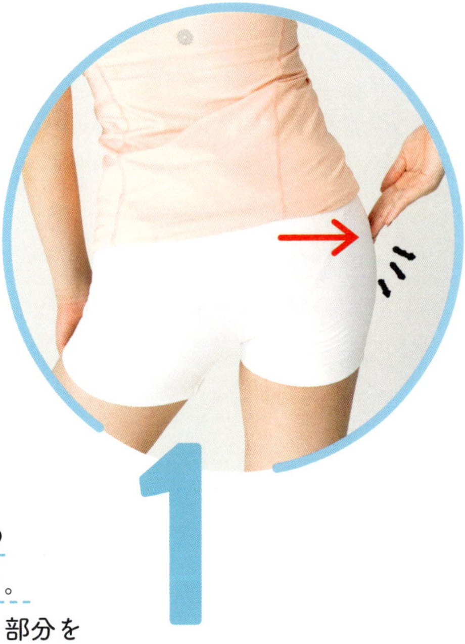

1

皮下脂肪をはがすのは、大腿骨《だいたいこつ》のつけ根にくっついた筋肉のまわり。おしりを横に突き出し、出っ張る部分を確認してから、反対側に引っ込めると◎。

2

1で確認した足の
つけ根の下側を
深くつまんで
引っぱりながら
小さくゆらし、
後ろ側も、同様に。
反対の足も同様に。

POINT!

皮下脂肪はがしを行う側の足には体重をかけないこと。おしりを反対に突き出すことで筋肉がゆるみ、皮下脂肪がはがしやすくなります。

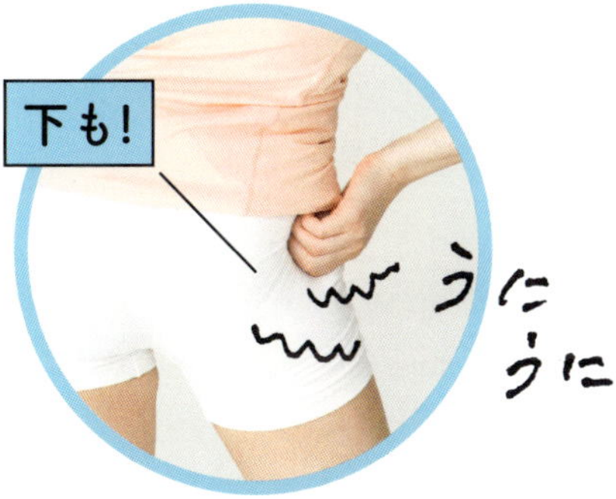

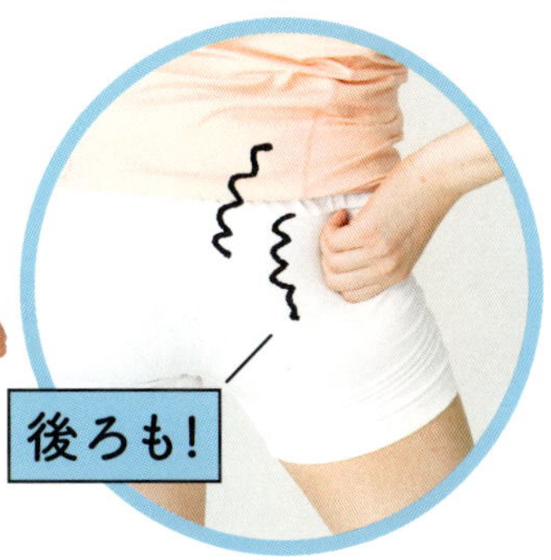

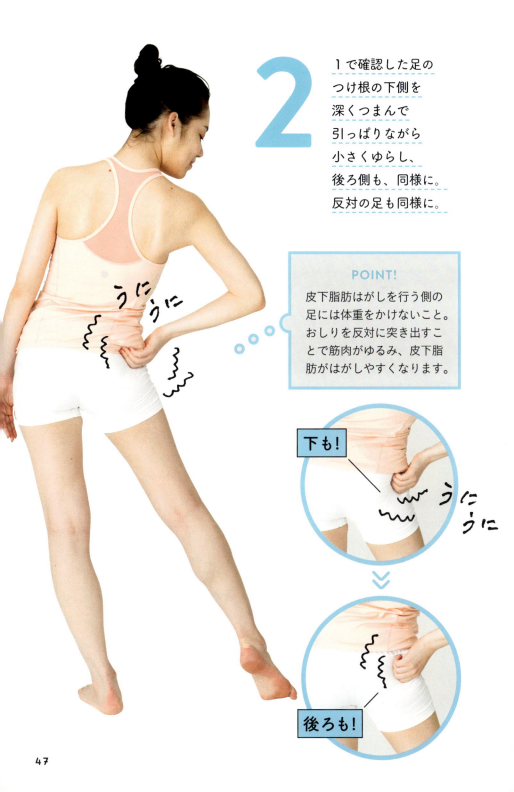

STEP 2

動かす

おしりに付着する筋肉を股関節ごとしっかり動かす

おしりの下をさわりながら、足のつけ根から上げ下げするのがポイント。太ももの筋肉も連動させて、引き上げ力を高めます。

Close-up!

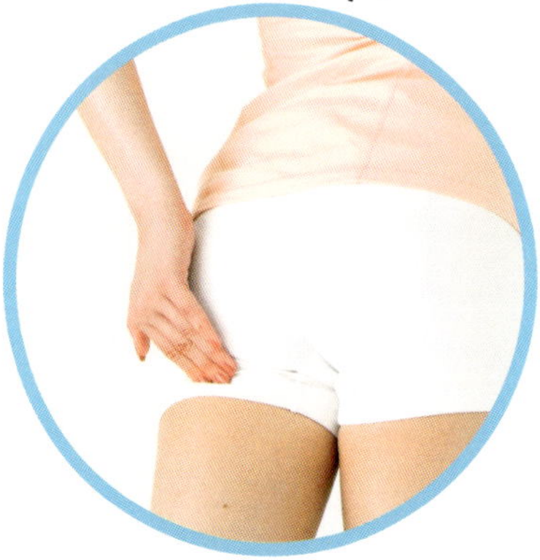

1

おしりの下側にある骨（坐骨）に手を当て、後ろへけり上げます。足先は伸ばして内側に向け、片側で10～20回ずつ上げ下げを繰り返して。

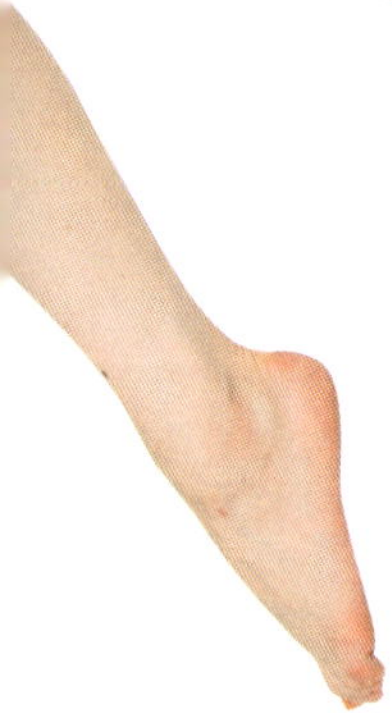

POINT!

おしりの筋肉を正しく使うには、足のつけ根からしっかり持ち上げることが必要。手によるサポートがあると、股関節を動かす意識が働きます。

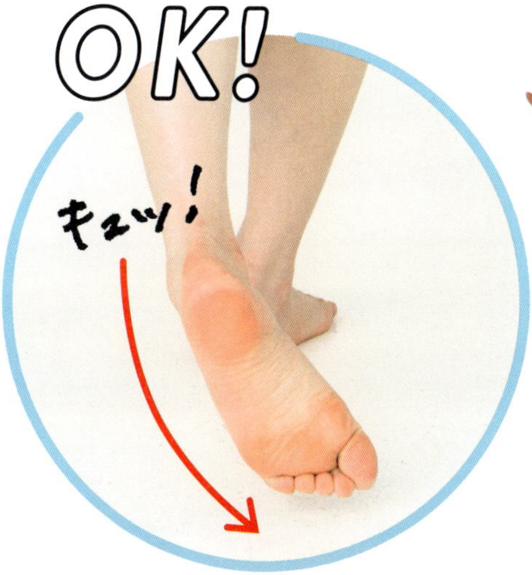

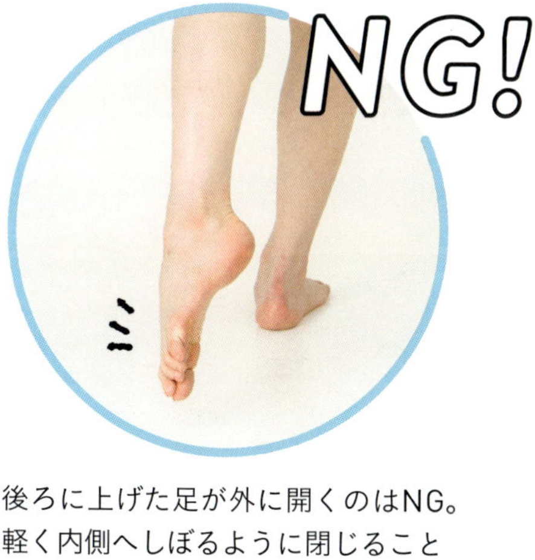

後ろに上げた足が外に開くのはNG。軽く内側へしぼるように閉じることで、おしりにつながる内ももやもも裏の筋肉にしっかり刺激が入ります。

太もも

太ももが太く、パンパンな人に多く見られるのが「ひざの使いすぎ」。**ひざ裏の「膝窩筋《しつかきん》」がかたくなり、股関節や太ももの裏側、内ももがうまく使えていない**状態です。逆にこれをカバーしようと余分な力が入るのが、太ももの外側にある筋肉。すると連動して働く前ももの筋肉まで、パンパンに張った状態に。そこでまずＳＴＥＰ１では、**使いすぎの外ももから皮下脂肪をはがして**いきましょう。さらにＳＴＥＰ２では、太ももの筋肉が交差するひざ裏を刺激。もも裏や内ももにある筋肉の働きを高めることで、**無駄な力みのない、スッとした太もも**に整えられます。

STEP 1 はがす → p.52

外に張り出した
太ももの筋肉をゆるめる

STEP 2 動かす → p.54

筋肉の交差点・クロスポイントを
押さえて動かす

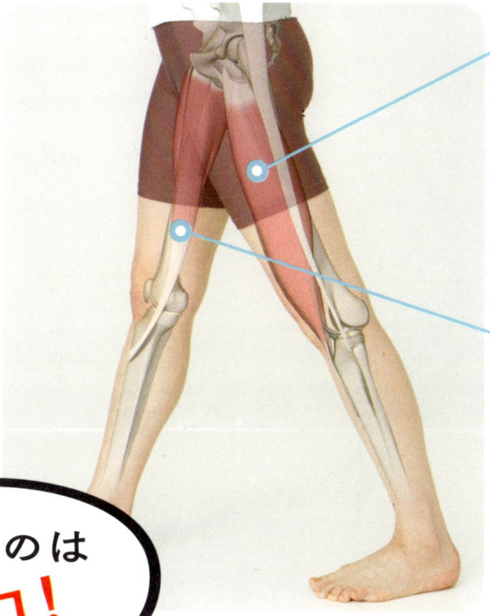

ねらうのは

ココ!

外側広筋《がいそくこうきん》

太い靭帯とともに太ももの外側を通り、ひざを伸ばすときに働く筋肉。ひざを使いすぎることが多い現代人は、同時にここがかたくなりやすい。

内転筋群《ないてんきんぐん》

恥骨や坐骨から内もも～ひざ下にまでつながる筋肉群。ひざの使いすぎで股関節の動きが低下すると、この部分が衰えて脂肪が蓄積する原因に。

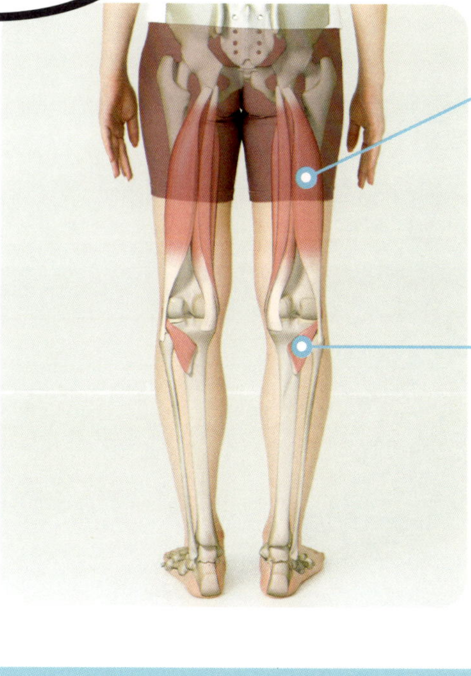

ハムストリングス

もも裏にあり、坐骨からひざ下へとつながる。ここがうまく働かないことで、太ももの外側・前側に余分な負荷がかかる。

膝窩筋《しつかきん》

ひざ裏にあるインナーマッスルで、ひざを曲げるのが主な働き。うまく使えず硬直すると、ここにつながるもも裏や、内ももの筋肉の働きも低下。

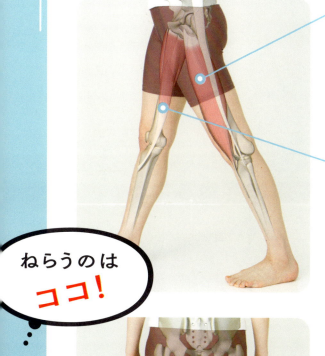

STEP 1

はがす

外に張り出した
太ももの筋肉をゆるめる

アンバランスな使われ方でパンパンに張った筋肉から、皮下脂肪をはがして本来のスムーズな動きを引き出しましょう。

1

まず、太もも外側の皮下脂肪を
はがしやすい体勢に
なります。おしりの穴を外に
向けるつもりで片側を持ち上げ、
手でおしりの肉全体を引き出して。

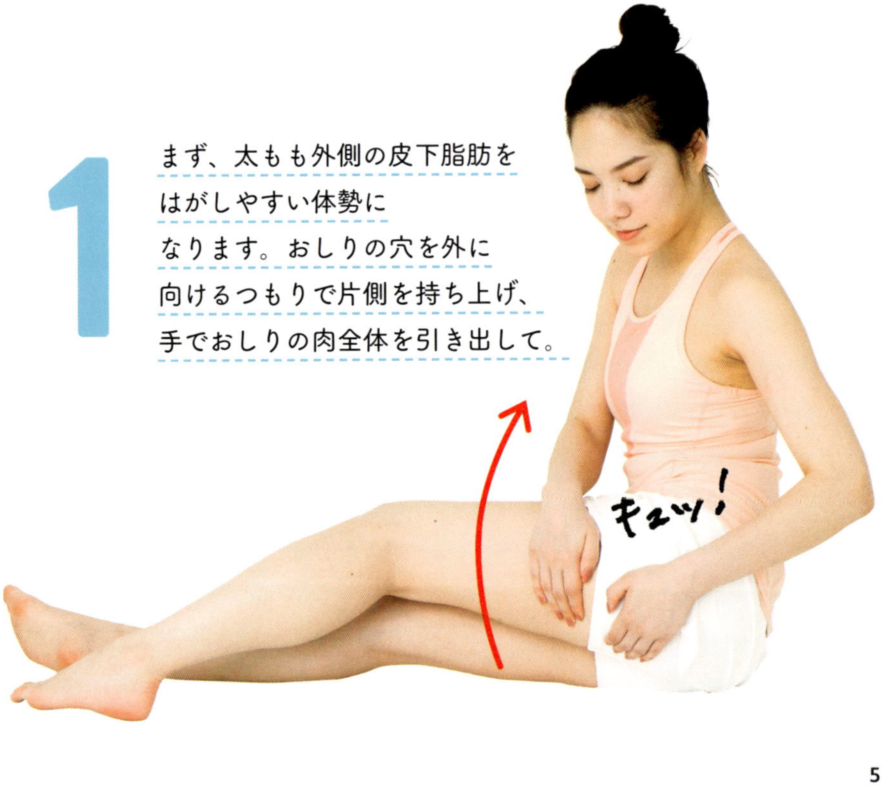

2

太ももの外側にある
筋肉に沿って、
足のつけ根～ひざ上までの
皮下脂肪をはがします。
特にかたい部分は入念に。
上下に往復してもOK。
反対の足も行います。

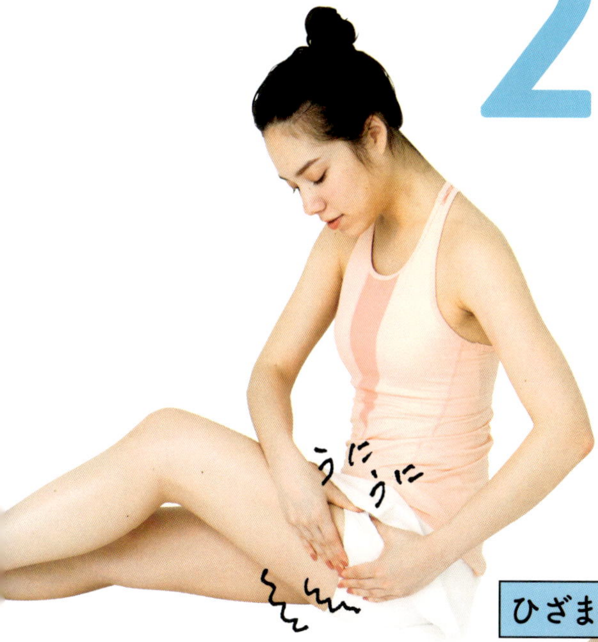

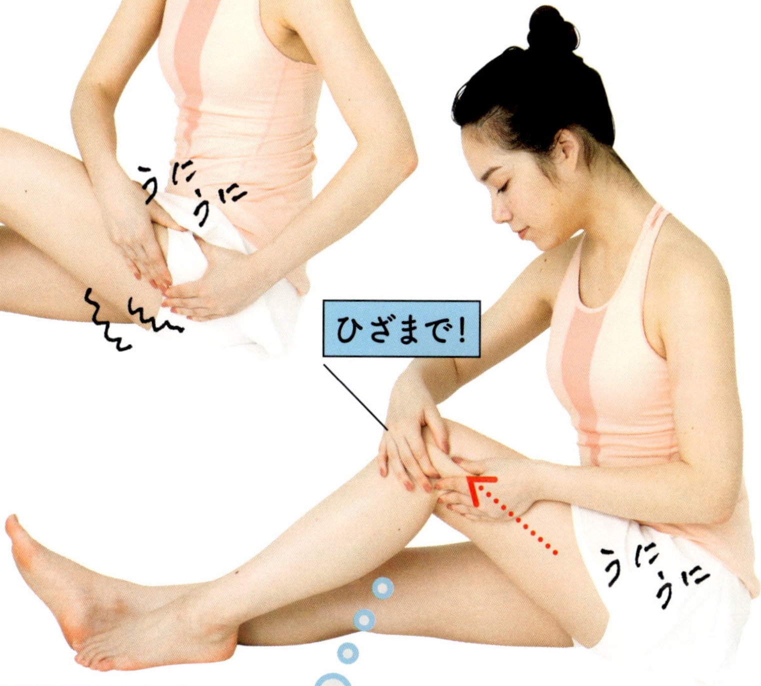

POINT!

ぜい肉が多くてつかみにくい部分は、両手を大きく使って皮下脂肪をつまみ出して。かたさが気になる人は、前もも同様に行うとさらにgood。

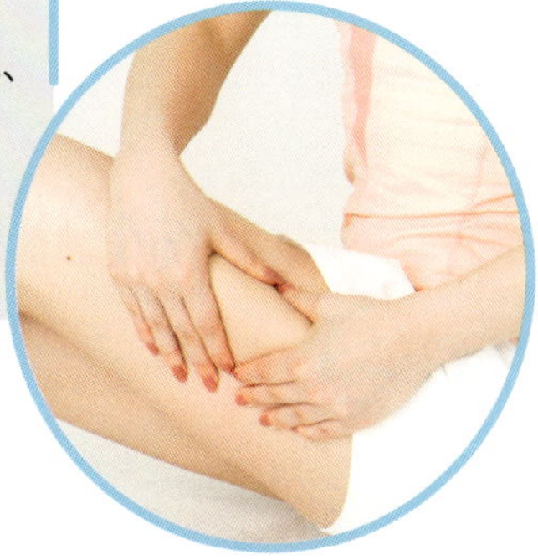

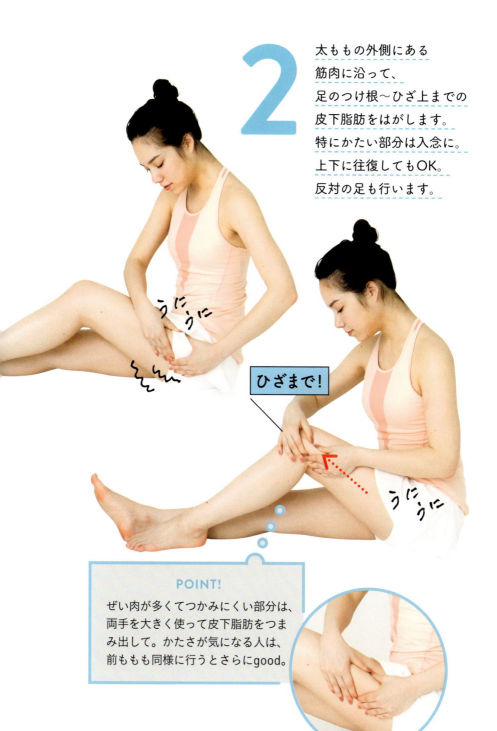

STEP 2

動かす

ひざ裏のクロスポイントを押さえて動かす

ひざ裏を刺激しながら、交差する太ももの筋肉を動かします。
うまく使われない太ももの裏側・内側の筋肉を目覚めさせて！

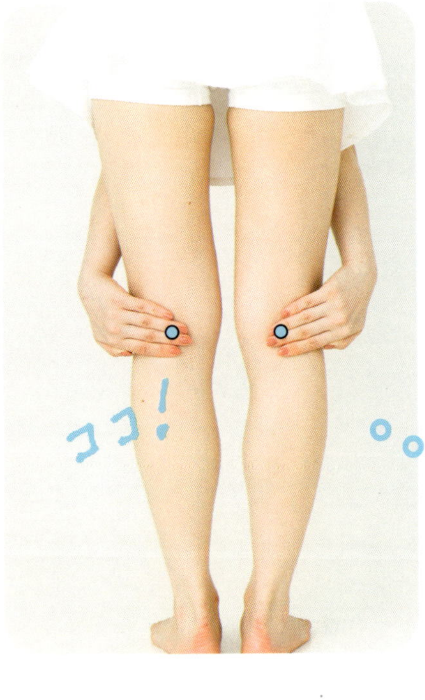

1

ひざ裏の中央に指先がくるように両手を当てます。これでまず、ひざ裏にあるクロスポイント（p.33）を意識してみましょう。

POINT!

うまく使えていない人が多いひざ裏の「膝《しつ》窩《か》筋《きん》」や、太ももの筋肉が交差する部分をさわって動かすことで、これらの働きを高めます。

2

ひざ裏に両手を
当てたまま、片足ずつ
手前へ引いて
交互に10回ずつ
パタパタと動かします。
ひざがゆるむ感覚が
あればOK！

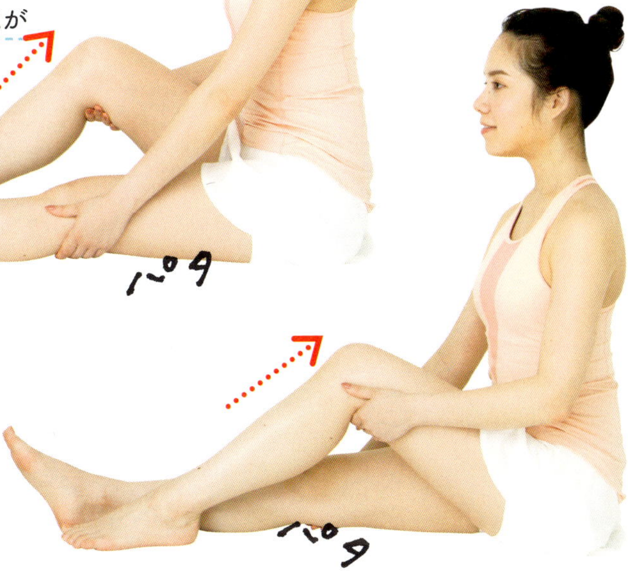

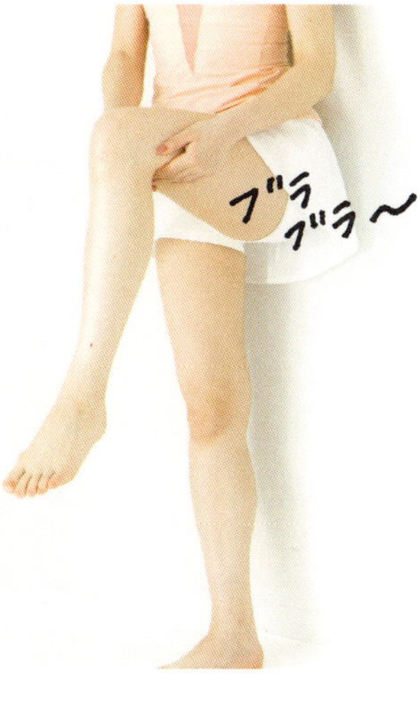

これもOK!

壁にもたれかかり、ひざ
裏の中心に両手を当てて、
手前にブラブラ動かして
も。太ももに力を入れな
いようにするのが大切！

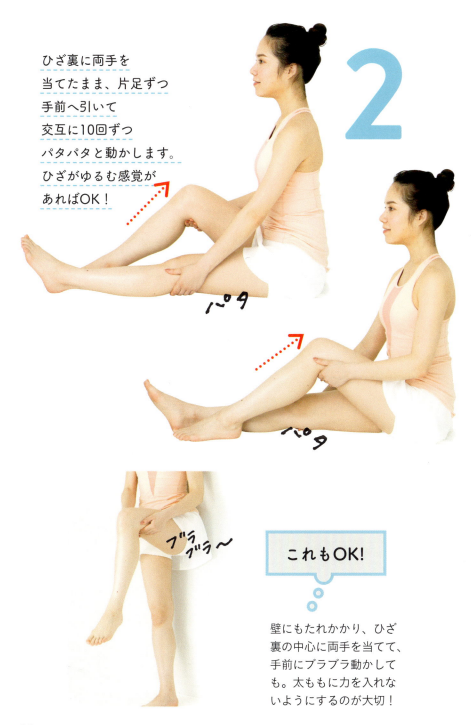

column

ひざ裏をピン!と伸ばしすぎた姿勢に注意

姿勢をまっすぐにしようと、ひざを伸ばす人は多いもの。けれど本来、ひざ裏は軽くゆるめて適度な「遊び」があるのが理想です。股関節にしっかり体重がのり、下半身の筋肉もバランスよく使われるため、自然で疲れにくい姿勢を保つことができます。

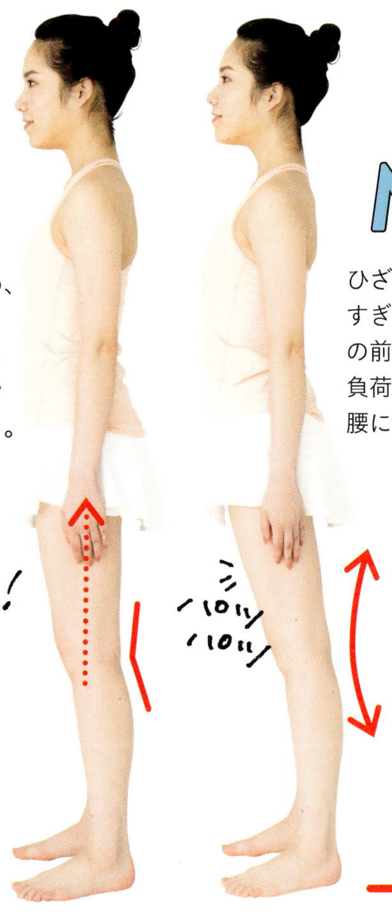

OK!

ひざを適度にゆるめ、股関節を使って立った姿勢。内ももやもも裏の筋肉もバランスよく使われている。

NG!

ひざを伸ばして使いすぎた状態。太ももの前や外側に過度な負荷がかかり、そり腰にもなりやすい。

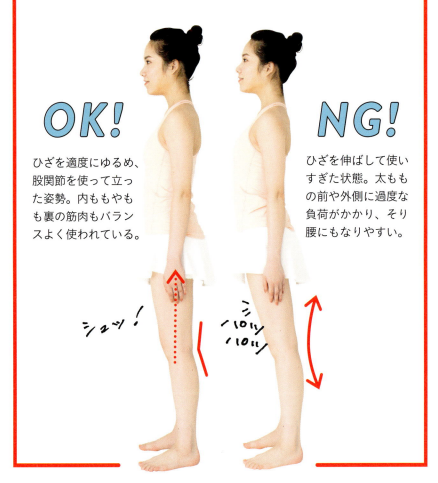

Part 2

「上半身」の皮下脂肪はがし

はみ出たぜい肉に、脂肪がたるんだシルエット。
姿勢を支える重要なインナーマッスルが
うまく使われないと、こうした体形のくずれが
はっきりとあらわれます。アンバランスに働く
筋肉から皮下脂肪をはがして動きをとり戻し、
内側から引き締まった美ボディを目指して。

下腹

下腹がポッコリ突き出る大きな原因が、実は「姿勢のゆがみ」。おなかの前面にある**「腹直筋」を変に使いすぎてかたくなり、脂肪がつきやすくなる**ケースが多いのです。

これを解消しようと、がむしゃらに腹筋運動をするのはむしろ逆効果。まずはSTEP1の皮下脂肪はがしで、腹直筋をほぐすことから始めましょう。また、**下腹はおなかをむやみに締めても引っ込みません**。そこでSTEP2のカギとなるのが「骨盤底筋」。ここから一定方向に力を入れると「腹横筋」などの**インナーマッスルが連動して働き、姿勢が安定**。下腹部の引き締め力も、格段にアップします。

STEP 1 はがす → p.60

かたくなった腹筋から
脂肪をたぐり寄せて

STEP 2 動かす → p.61

体幹を支える筋肉を
バランスよく連動させる

ねらうのは
ココ!

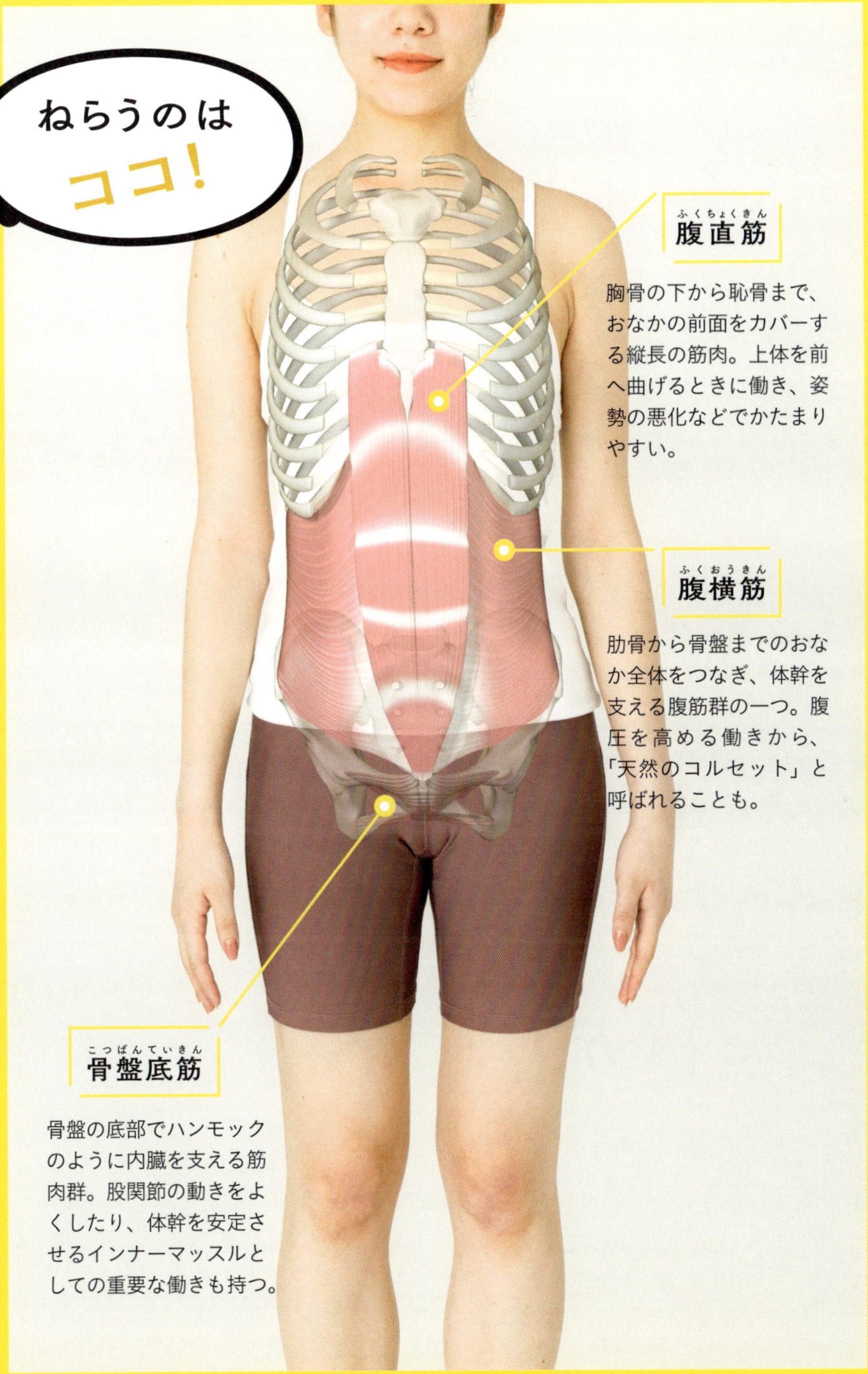

腹直筋《ふくちょくきん》

胸骨の下から恥骨まで、おなかの前面をカバーする縦長の筋肉。上体を前へ曲げるときに働き、姿勢の悪化などでかたまりやすい。

腹横筋《ふくおうきん》

肋骨から骨盤までのおなか全体をつなぎ、体幹を支える腹筋群の一つ。腹圧を高める働きから、「天然のコルセット」と呼ばれることも。

骨盤底筋《こつばんていきん》

骨盤の底部でハンモックのように内臓を支える筋肉群。股関節の動きをよくしたり、体幹を安定させるインナーマッスルとしての重要な働きも持つ。

STEP 1

はがす

かたくなった腹筋から
脂肪をたぐり寄せて

ターゲットは、姿勢の悪化でかたくなったおなかの前側の筋肉。
前かがみの姿勢でお肉を寄せると、脂肪がたっぷりつかめます。

1

前かがみの姿勢になって
おへその上を両手で
つかみます。脂肪をたぐり
寄せるように引っぱり、
小刻みにゆらしましょう。

POINT!

おなかの前側をカバーする「腹直筋」
がターゲット。猫背などの姿勢でか
たくなりやすく、筋肉の上に皮下脂
肪がつきやすい部分です。

2

前かがみ姿勢のまま、へそ下の
ぜい肉をつまんで皮下脂肪を
はがします。つかみきれない
脂肪は２回くらいに分け、
下腹全体をまんべんなく行って。

STEP 2

動かす

体幹を支える筋肉を バランスよく連動させる

骨盤の下側にあるインナーマッスルで「締める・抜く」動きを繰り返し、連動する腹筋群をバランスよく使えるようにします。

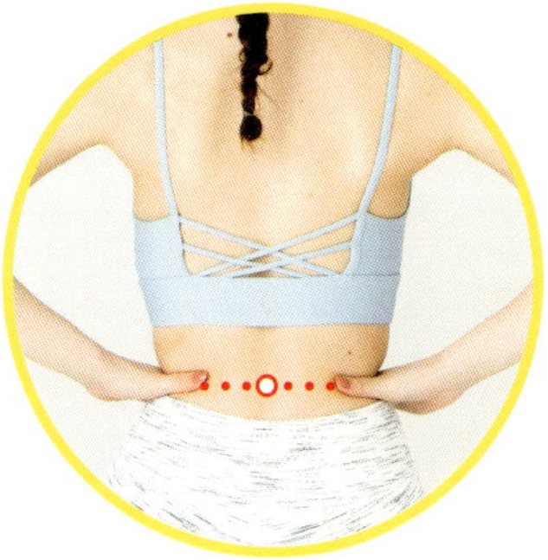

1

腰のくびれに両手を当て、親指を結んだ中心点をまず確認します。

2

尿意をがまんするような感覚で、骨盤底筋の前側から1の中心点に向かってえぐるように力を入れる・抜くを10回繰り返して。

おなかを丸めた姿勢で行うのがコツ。腰がそると、下腹部の筋肉にうまく力が入りません。

わき腹

ウエストにくびれがない、ベルトのラインからぜい肉がはみ出す……。そんな人は、**体幹を支える腹筋群のうち、わき腹にある「内腹斜筋」や「外腹斜筋」がうまく使えていない**可能性大。STEP1では、まずこれらの筋肉にくっついた皮下脂肪をまんべんなくはがすことが大切です。

続くSTEP2では、**日常生活で使うことの少ない「伸び」の動きでわき腹を刺激します**。ポイントは、手の形。つかんで引き寄せるような「グー」の形から、「チョキ」「パー」と、**指を徐々に広げながら遠くに伸び上がる**ことで、2つの腹斜筋をどんどん伸ばし、動かしていきましょう。

STEP 1 はがす → p.64

**おへそのわきから
ぜい肉を引き出して**

STEP 2 動かす → p.66

**「グー・チョキ・パー」で
わき腹を大きく伸ばす**

ねらうのは ココ！

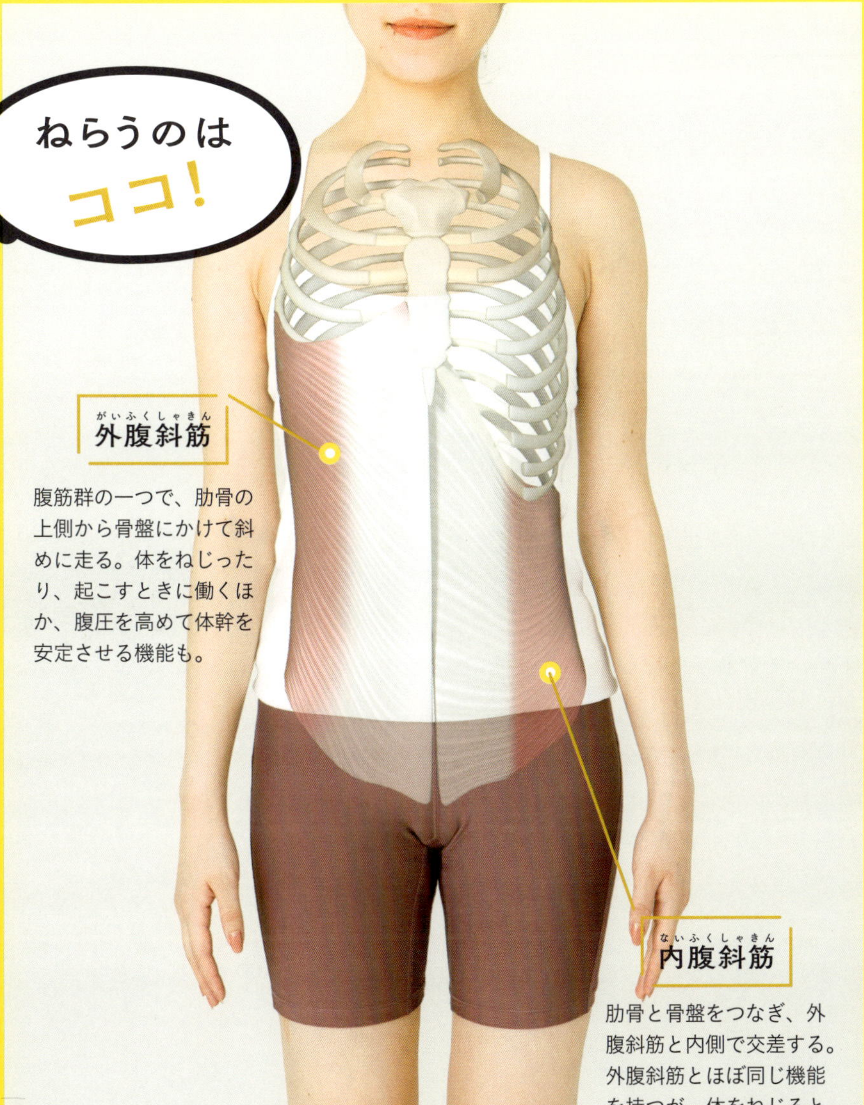

外腹斜筋《がいふくしゃきん》

腹筋群の一つで、肋骨の上側から骨盤にかけて斜めに走る。体をねじったり、起こすときに働くほか、腹圧を高めて体幹を安定させる機能も。

内腹斜筋《ないふくしゃきん》

肋骨と骨盤をつなぎ、外腹斜筋と内側で交差する。外腹斜筋とほぼ同じ機能を持つが、体をねじるときは同じ側の筋肉が働くのが特徴。

STEP 1

はがす

おへそのわきから ぜい肉を引き出して

うまく使えていないことが多い、わき腹の筋肉。ここにくっついた皮下脂肪を、角度を変えてまんべんなくはがしましょう。

1

おへそのわきから
両手でぜい肉を
大きくつかみ、
引っぱって小刻みに
ゆらします。
上下も何カ所かに
分けて行うとgood。

2

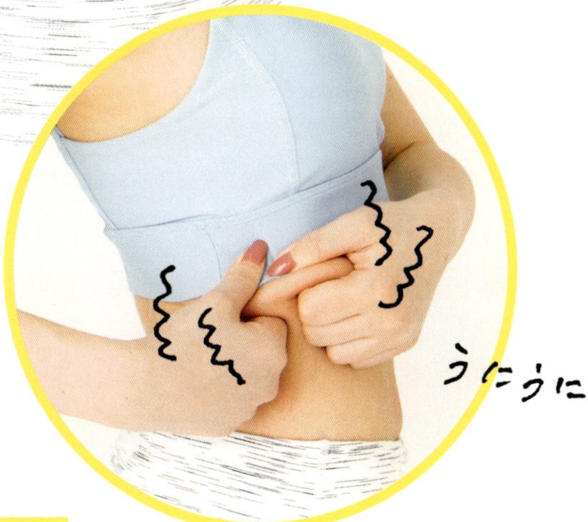

ウエストのくびれ部分は
体を横に倒し、ぜい肉を寄せて
皮下脂肪をはがしましょう。
左右で同じように繰り返し、
特に痛いところは念入りに。

POINT!

内・外腹斜筋は、肋骨から骨盤の上側（＝腰骨）につながる筋肉。上体を横に倒すことで、この上にある皮下脂肪をはがしやすくなります。

STEP 2

動かす

「グー・チョキ・パー」で
わき腹を大きく伸ばす

日常生活で使うことの少ない「伸び」の動きで、わき腹を刺激。指を徐々に広げながら、遠くへ伸び上がる感覚を味わって。

1

両足を大きく開いて
片足に体重をかけ、
同じ側の手を「グー」に握って
わきから大きく伸び上がります。
ここで10秒キープ！

POINT!

曲げた手は「ピストル」の形に。小指側につながるわきの筋肉を締めることで肩が下がり、反対側のわきが伸びやすくなります。

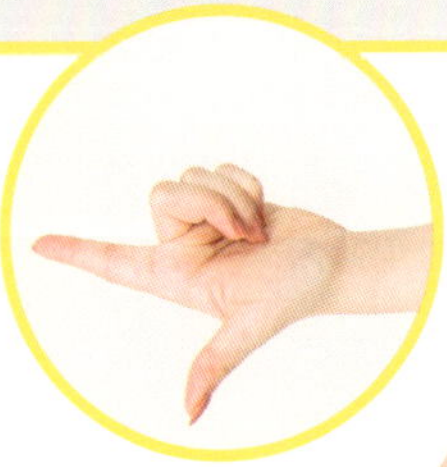

2

今度は上げた手を
「チョキ」の形に。
１と同様に
わきから大きく
伸び上がって
10秒キープします。

3

続いて手を「パー」にして、
わきを伸ばし10秒キープ。
指先を徐々に広げることで、
わき腹がどんどん
伸びていくのを感じましょう。
反対側も１から繰り返して。

腰〜背中

前かがみの姿勢になることが多い、現代人の生活。すると背中や腰まわりの筋肉がうまく使われず、背骨の動きも悪くなって、筋肉がますますかたくなる悪循環に陥ってしまいます。背中についたブラのハミ肉や、腰の上につく〝浮き輪〟のようなぜい肉も、こうした姿勢の悪化が大きな原因。まずSTEP1で皮下脂肪をはがし、背骨についた筋肉の動きをよくすることから始めましょう。

STEP2では、背中の美しさを左右する肩甲骨の可動域を広げながら、筋肉を広範囲に動かします。腰から背中がぐぐーっと伸び、引き締まる感覚を味わってください。

STEP 1 はがす → p.70

背骨とその周辺の筋肉を
動かしやすくする

STEP 2 動かす → p.72

腰〜背中の筋肉を伸ばし
ダイナミックに動かす

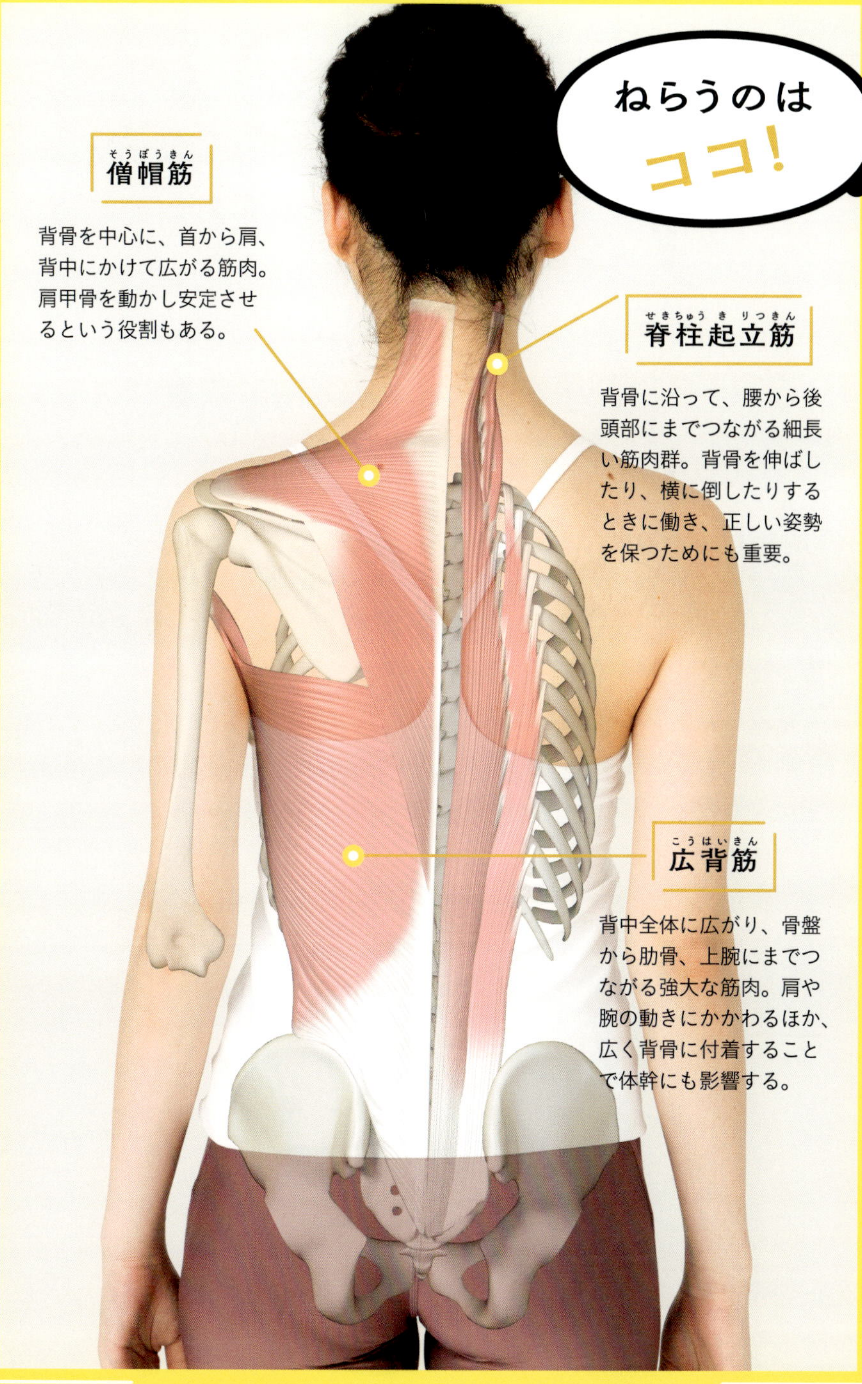

ねらうのは ココ!

僧帽筋《そうぼうきん》

背骨を中心に、首から肩、背中にかけて広がる筋肉。肩甲骨を動かし安定させるという役割もある。

脊柱起立筋《せきちゅうきりつきん》

背骨に沿って、腰から後頭部にまでつながる細長い筋肉群。背骨を伸ばしたり、横に倒したりするときに働き、正しい姿勢を保つためにも重要。

広背筋《こうはいきん》

背中全体に広がり、骨盤から肋骨、上腕にまでつながる強大な筋肉。肩や腕の動きにかかわるほか、広く背骨に付着することで体幹にも影響する。

STEP 1

はがす

背骨とその周辺の筋肉を動かしやすくする

皮下脂肪をはがすことで、背骨のまわりで硬直しがちな筋肉とともに、背骨の動きもスムーズに改善することが目的です。

腰の後ろに手を回し、
背骨のわきをつまんで
小刻みにゆらします。
手が届く範囲で、
上下にずらしながら
皮下脂肪を
はがして。

1

POINT!

つかみにくい場合、腰をやや倒したり、軽くそらしたりするなどして皮下脂肪をたぐり寄せましょう。両手だと広い範囲をつかめますが、片手でもOK。

2

次にねらうのは、背中の筋肉。
首をいったん前に倒して
出っ張る骨を確認したら
後ろに倒して、皮下脂肪を
つかみやすくします。

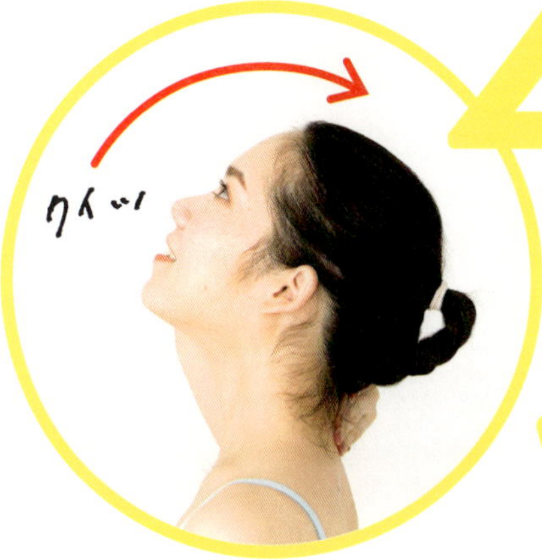

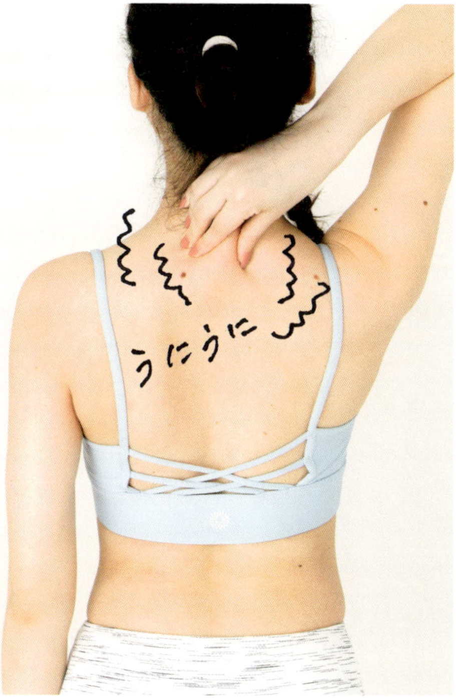

3

2で確認したのは、
筋肉が分かれて付着する部分。
この周辺をつまみ、数カ所に分けて
皮下脂肪をはがして
いきましょう。

STEP 2

動かす

腰〜背中の筋肉を伸ばし
ダイナミックに動かす

腰から背中をぐぐーっと伸ばし、さらに引き締めることで、背中全体の筋肉を大きく、効率よく動かしていきます。

1

いすに座り、腕を床から平行にまっすぐ前へ伸ばして手首を小指側に倒します（左ページの写真参照）。ここから両腕をスライドさせるように、上体を前へ倒して。

2

そのまま両腕をバンザイするように上げ、背中から腕までをまっすぐ一直線に伸ばします。

POINT!

背中の筋肉をしっかり使うため、指先からまっすぐ伸び上がる意識を。

上体を倒したまま、
手首の形をキープして
腕を両サイドにおろします。
続いて1からの動きを、
10回繰り返しましょう。

POINT!

手首を小指側に倒すことで、ここから連動するわきを同時に刺激。背中〜わきをつなぐ「広背筋」などの筋肉を、より効果的に動かせます。

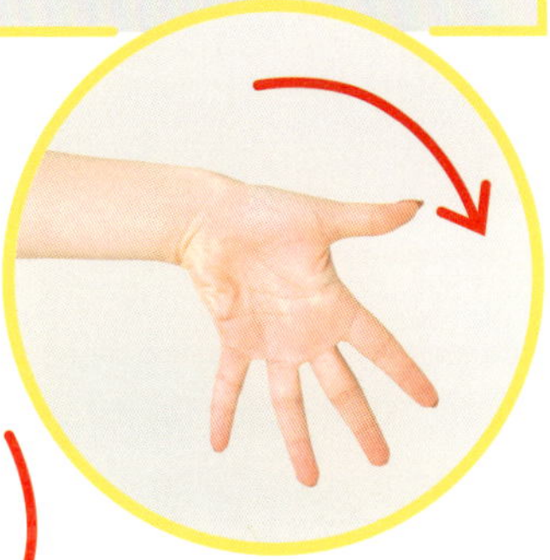

3

NG!

腕をおろす動きにつられて、肩が上がるのはNG。背中で使いたい部分の筋肉に、うまく刺激が入りません。

わきの下

腕をおろすと、背中側にブヨブヨと盛り上がる皮下脂肪。これは何より、**わきにあるインナーマッスルの「前鋸筋《ぜんきょきん》」がうまく使えていない証拠**です。すると反対の肩側にあるアウターマッスルばかりを使いすぎ、「いかり肩」になって、一方のわきにはますます脂肪が蓄積されてしまいます。

そこでSTEP1では皮下脂肪をはがしながら、意識しづらいわきの筋肉の動きをスムーズに。さらにSTEP2では**わきの筋肉が交差する「クロスポイント」**(34ページ)に刺激を入れ、こり固まった筋肉を大きく動かします。**肩関節が安定して、腕の動きもラクに**なりますよ。

STEP 1 はがす → p.76

**うまく使われない筋肉から
ブヨブヨの脂肪をはがす**

STEP 2 動かす 1 2 → p.77 p.78

**クロスポイントを刺激してから
わきの筋肉を大きく動かす**

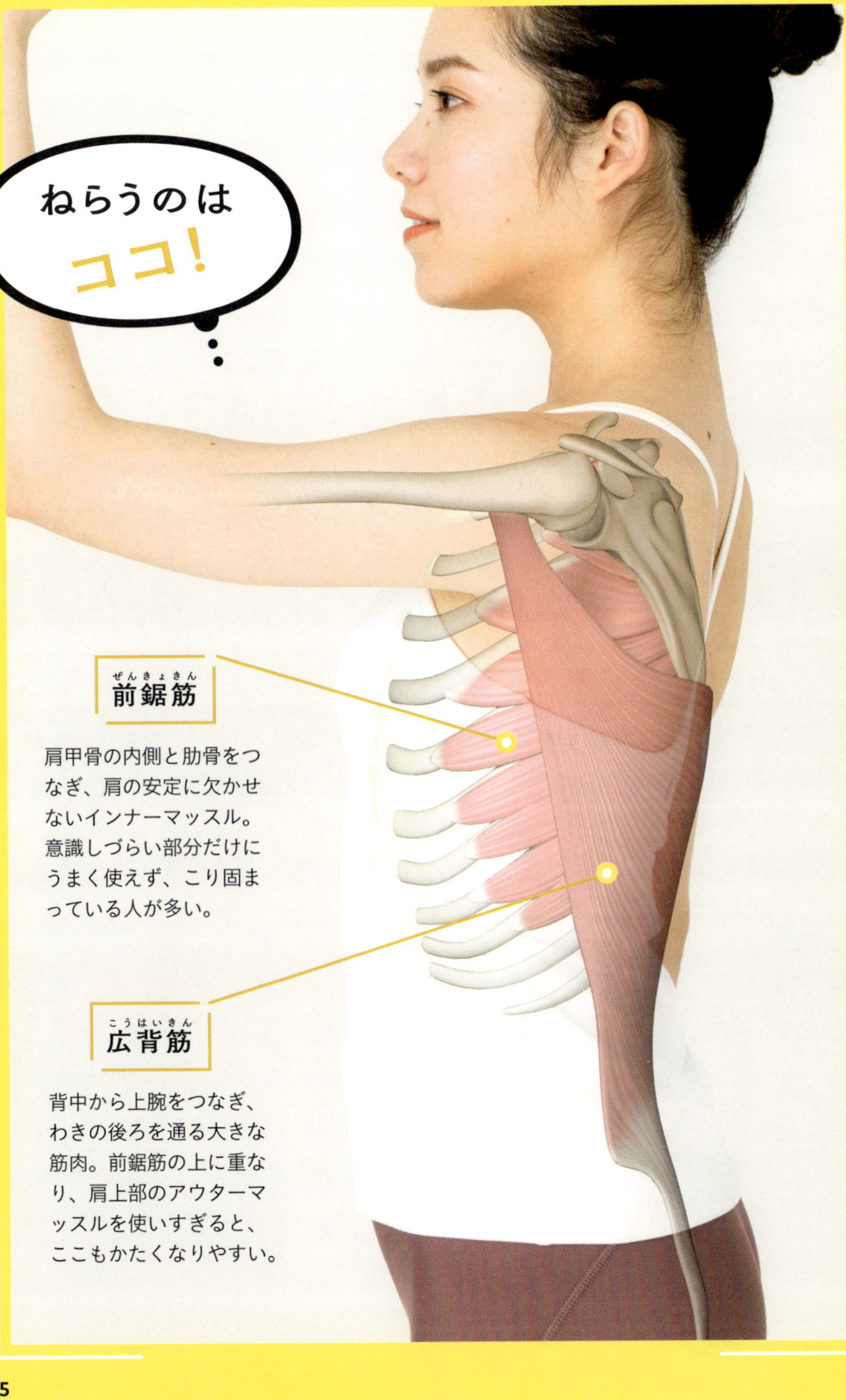

前鋸筋《ぜんきょきん》

肩甲骨の内側と肋骨をつなぎ、肩の安定に欠かせないインナーマッスル。意識しづらい部分だけにうまく使えず、こり固まっている人が多い。

広背筋《こうはいきん》

背中から上腕をつなぎ、わきの後ろを通る大きな筋肉。前鋸筋の上に重なり、肩上部のアウターマッスルを使いすぎると、ここもかたくなりやすい。

STEP 1

はがす

うまく使われない筋肉から ブヨブヨの脂肪をはがす

ふだんの生活では使いづらい、わきの下の筋肉。この上にたまった皮下脂肪をつまんではがし、かたまった部分をゆるめます。

1

わきのくぼみから
後ろ側を指でつまみ、
皮下脂肪をはがします。
背中と腕をつなぐ
筋肉に沿って、
下側もまんべんなく
はがしましょう。
反対側も同様に。

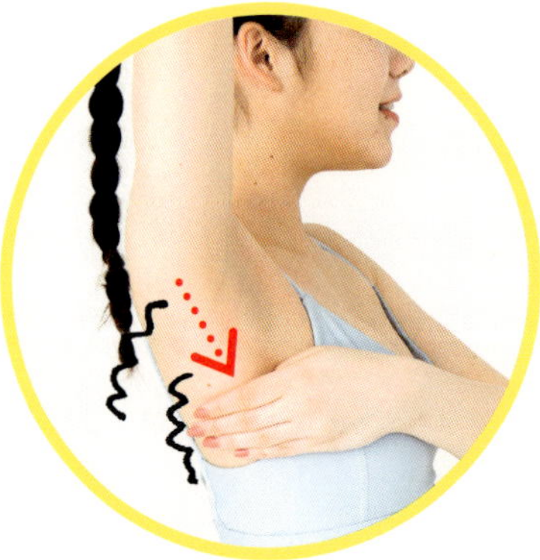

STEP 2

動かす 1

わきのクロスポイントを さわって動きを引き出す

ここではまず、衰えた筋肉の動きを引き出します。筋肉が交差する「クロスポイント」を刺激しつつ、肩関節を大きく回して。

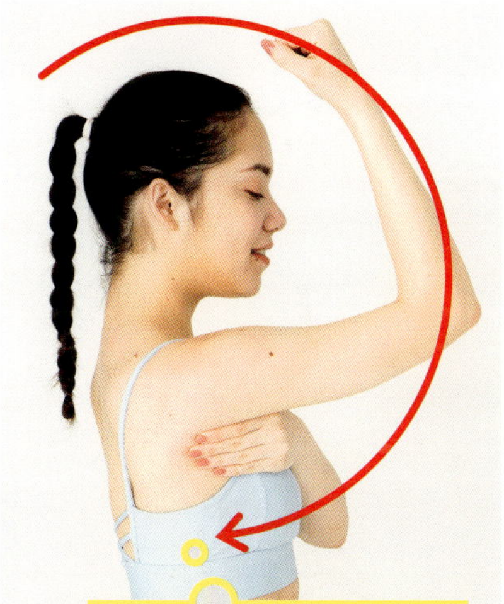

1

親指を曲げてわきのクロスポイント（＝腕のつけ根の背中側）に手を当て、そのまま腕を大きく前へ、後ろへ5回ずつ回していきましょう。反対側も同様に。

POINT!

ここで動かしたいのは、わきのクロスポイント(p.34) の筋肉。反対側にある胸の筋肉にはふれないように、親指を曲げて行います。

STEP 2

動かす 2

わきの筋肉を大きく動かす「グー・チョキ・パー」

前のステップで動かした筋肉を、日常生活にはない動作で使っていきます。指を段階的に広げて、大きく伸び上がりましょう。

1

Close-up!

足を大きく開いて座り、片手は小指〜中指を曲げて上に向けます。さらに反対側の手を「グー」に握り、体をわきから大きく横に伸ばして10秒キープ。

2

上体を横に倒したまま、
上げた手を「チョキ」の
形にして、わきからさらに
大きく伸び上がります。
ここで10秒キープ！

3

手を「パー」の形にして
指先をいっぱいに広げ、
さらに大きく伸びて
10秒キープします。
上げた腕につられて
肩がすくまないように
注意。反対側も
1から繰り返します。

POINT!

反対の手は、小指・薬指・中指を曲げた「ピストルポーズ」に。わきの筋肉が働いて肩が下がり、伸ばしたい側のストレッチ効果が高まります。

二の腕

「二の腕の皮下脂肪はがし」と聞くと、〝振り袖〟のようにぜい肉がたるんだ部分を思い浮かべる人が多いでしょう。けれど、**まずSTEP1ではがすべきは腕の外側にあるアウターマッスル。**多くの人は日常的にここを使いすぎ、一方で腕の裏側はうまく使えていません。そして**ゆるんだ筋肉の上に、タプタプの脂肪がたまってしまう**のです。

続くSTEP2では、筋肉が交差するわきに刺激を入れながら、ここへつながる腕の裏側をキュッと締める動作を行います。**二の腕の「上腕三頭筋」でも特に衰えがちな、内側の部分がピンポイントに働く**のを実感できるはず。

STEP 1 はがす → p.82

腕の外側でかたまった筋肉の癒着をはがす

STEP 2 動かす → p.84

衰えがちな二の腕の内側をピンポイントに引き締め

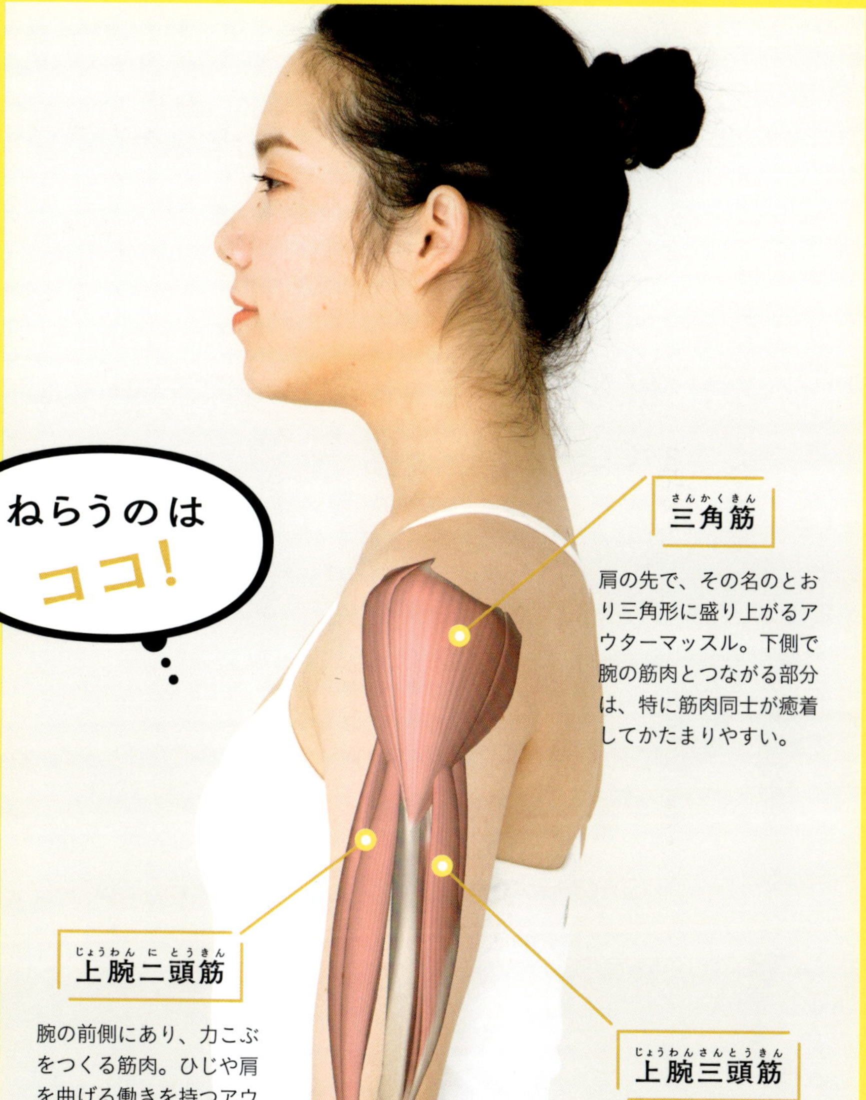

ねらうのは
ココ!

三角筋《さんかくきん》

肩の先で、その名のとおり三角形に盛り上がるアウターマッスル。下側で腕の筋肉とつながる部分は、特に筋肉同士が癒着してかたまりやすい。

上腕二頭筋《じょうわんにとうきん》

腕の前側にあり、力こぶをつくる筋肉。ひじや肩を曲げる働きを持つアウターマッスルのため、ふだんから使いすぎによってかたくなりやすい。

上腕三頭筋《じょうわんさんとうきん》

腕の裏側にあり、ひじや肩を伸ばす働きがある。腕の外側を使いすぎることで、特に肩甲骨につながる内側の部分がうまく働かないことが多い。

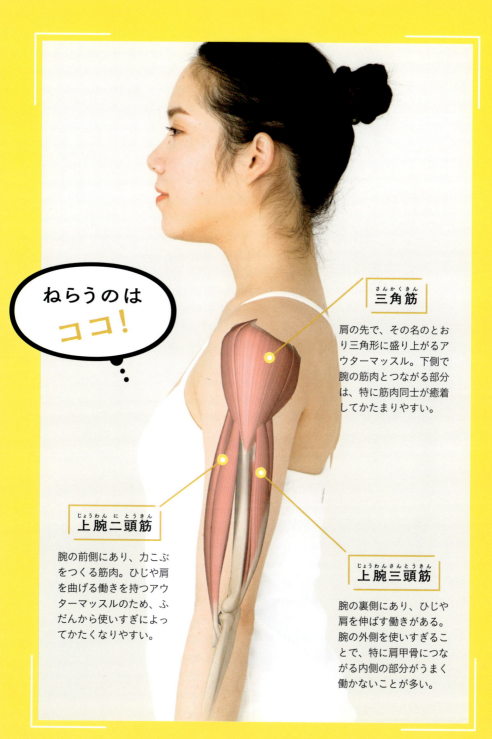

STEP 1

はがす

腕の外側でかたまった
筋肉の癒着をはがす

日常的に使いすぎている腕の外側で、筋肉が癒着した部分から皮下脂肪をはがします。腕の疲れや肩こり解消にも効果的！

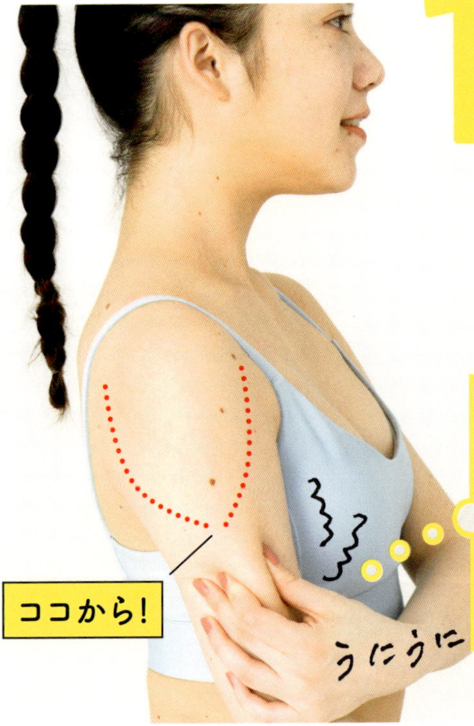

1

肩で盛り上がった筋肉（＝三角筋）の下端からスタート。腕の外側で筋肉がかたまりやすい部分の皮下脂肪をつまんではがします。

POINT!

ここでねらうのは、腕の前側にある上腕二頭筋と、裏側の上腕三頭筋の間にある皮下脂肪。力こぶができる部分の境目を目安にして。

2

位置をずらしながら、
ひじのほうまで
同様に繰り返します。
痛みを感じる場合が
多い部分ですが、
イタ気持ちいい感覚を
意識してみましょう。
反対側も同様に。

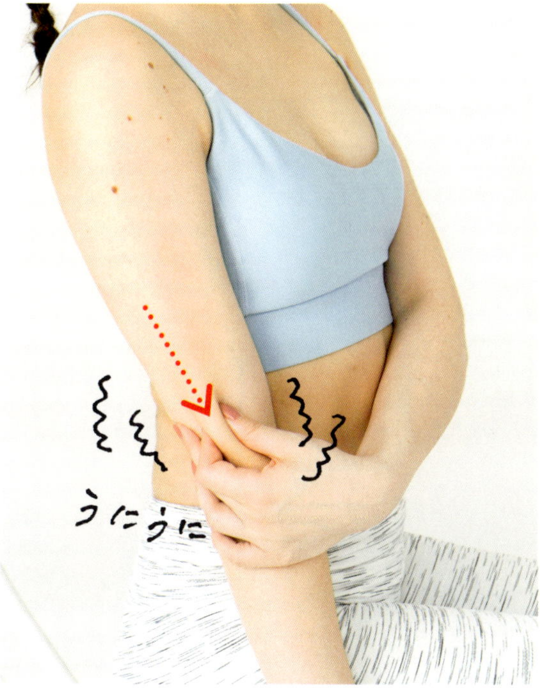

Check!

デスクワークなど
腕の使いすぎも
二の腕やせの大敵

日常生活では、腕の外側を酷使しがち。二の腕の筋肉をうまく使えず脂肪をためてしまうため、コリはこまめにほぐすように心がけて。

STEP 2

動かす

衰えがちな二の腕の内側をピンポイントに引き締め

二の腕でも、特に衰えがちな内側の筋肉がターゲット。筋肉が交差するわきに刺激を入れて、引き締め効果をより高めます。

1

小指・薬指・中指を曲げて「ピストル」の形をつくり、ひじのくぼんだ部分を反対の手でさわります。

POINT!

「ピストルポーズ」でひじをさわると、小指側からつながるわきが刺激され、ここへ付着する二の腕の内側の筋肉も、同時にうまく使えるように。

2

そのまま手を上に向け、ひじを伸ばします。わきのクロスポイント（p.34）をここでもしっかり意識。

3

伸ばした腕を、後ろに
まっすぐ引いて10秒キープ。
肩を下げてわきを締め、
二の腕の内側がギュッと
引き締まるのを感じましょう。
反対側も同様に。

POINT!

腕が外側に開くとわきに刺激が入らず、二の腕の内側にある筋肉もうまく使えません。わきはギュッと締めて行うことが大切なポイントです。

Back

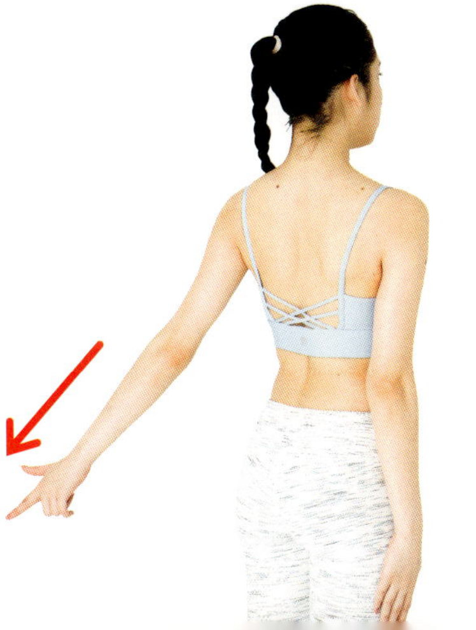

NG!

肩まわり

肩や首のこりに悩む人は多いもの。その大きな原因になるのが「僧帽筋」です。なかでも上側で首～肩につながる部分は、**ふだんの生活でつい使いすぎてしまうため、緊張して肩がギュッと上がった状態**に。すると周辺の血流も悪化して、**肩まわりがパンパンに太く**見えてしまうのです。

STEP1では、こうした部分の皮下脂肪をはがし、癒着した筋肉のスムーズな動きをとり戻します。そしてこれらは、むしろ「積極的には使いたくない」筋肉。そのためここでのSTEP2では、反対側のわきを刺激して使いやすくし、**筋肉の負担を軽減することを目的**としています。

STEP 1 はがす → p.88

筋肉のラインに沿って
緊張しやすい部分をほぐす

STEP 2 動かす → p.90

偏って使われた
筋肉のバランスを整える

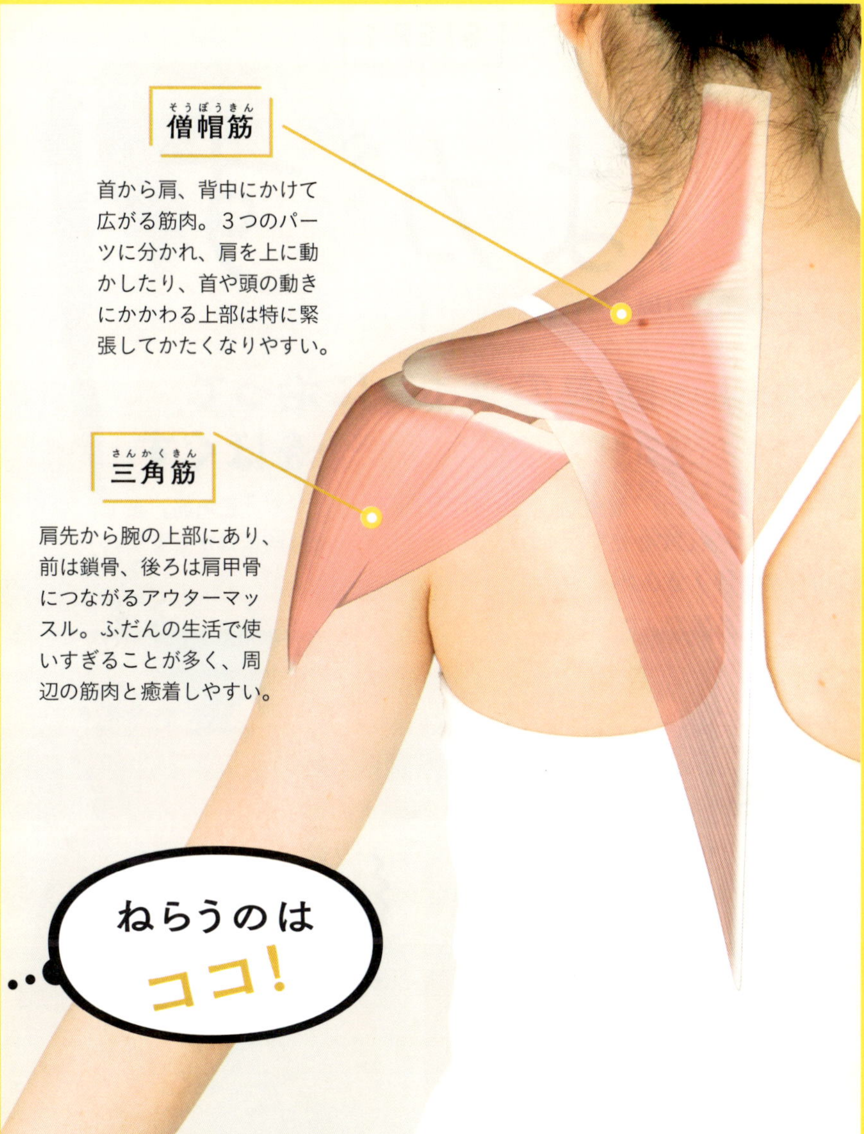
僧帽筋《そうぼうきん》
首から肩、背中にかけて広がる筋肉。3つのパーツに分かれ、肩を上に動かしたり、首や頭の動きにかかわる上部は特に緊張してかたくなりやすい。
三角筋《さんかくきん》
肩先から腕の上部にあり、前は鎖骨、後ろは肩甲骨につながるアウターマッスル。ふだんの生活で使いすぎることが多く、周辺の筋肉と癒着しやすい。
ねらうのは
ココ!

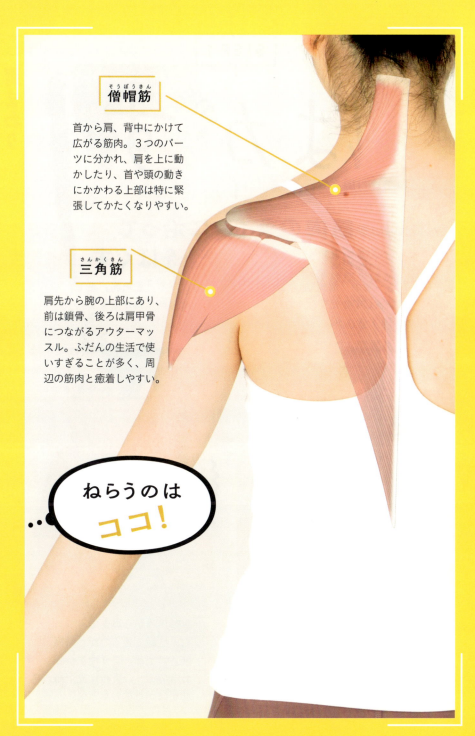

STEP 2

動かす

偏って使われた筋肉のバランスを整える

ここでの目的は、「筋肉を使いすぎない」こと。反対側のわきを刺激して使いやすくし、アンバランスな筋肉の働きを整えます。

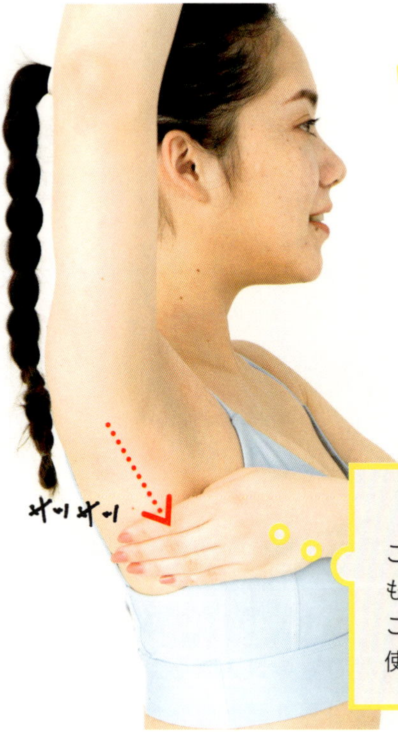

1

ここでは、わきを意識して使えるようになるのが目的。腕を軽く上げて、つけ根の部分を手でサッサッと軽くなでおろせばOK。反対側も行なって。

POINT!

ここでふれるのは、背中や腕の筋肉も集まるわきのクロスポイント(p.34)。ここを意識することで、肩の筋肉を使いすぎるのを防ぎます。

Part 3

「顔まわり」の皮下脂肪はがし

人間の頭部には、いくつもの筋肉が集まり
微細な動きや表情をつくり出しています。
そして顔や首まわりでたるんだ脂肪も、
実は筋肉の偏った使われ方で蓄積されやすく
なるのです。皮下脂肪はがしによるケアで、
たるまない土台づくりを心がけましょう。

あご・首まわり

脂肪がたまった二重あごや、だるんと垂れ下がった首まわりのライン。意外に思うかもしれませんが、これらも**筋肉の使いすぎや硬直によって起きるケースが多い**のです。

大きな原因が、姿勢の悪さ。前かがみの動作が多く、さらにスマホが普及した現代は、首やあごの筋肉に負担がかかりやすいのです。すると**首が前に出て、かたくなった筋肉のまわりに脂肪がたまり、支え切れなくなる**のです。そこでSTEP1ではこの部分の皮下脂肪をはがし、緊張をとり除きます。STEP2では**手の補助も使って筋肉を大きく動かすことで、効果をさらに実感**できるでしょう。

STEP 1 はがす → p.94

首が突き出た姿勢で
緊張しがちな部分をほぐす

STEP 2 動かす → p.96

あご裏と首の前側を
最大限に伸ばして強化

ねらうのはココ！

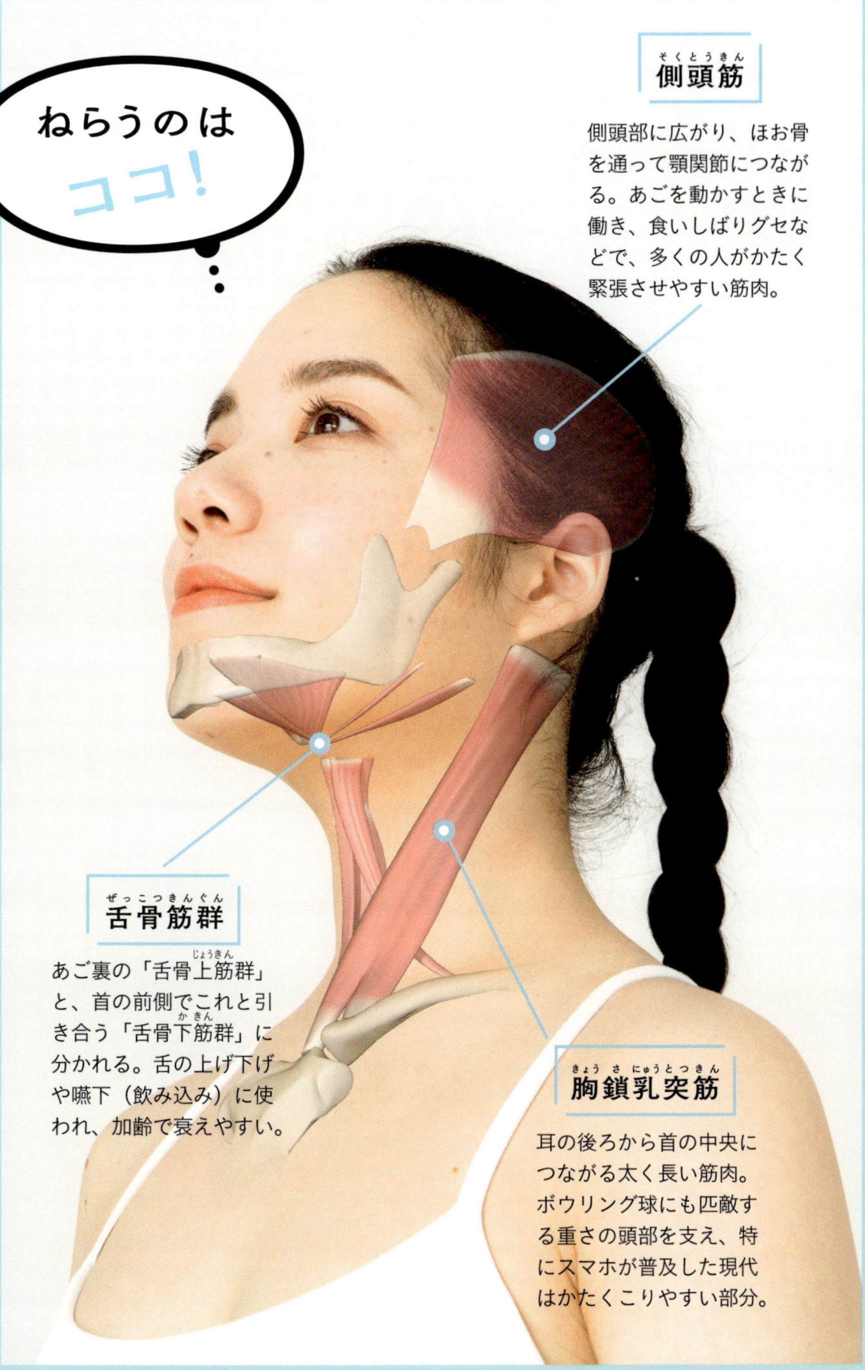

側頭筋《そくとうきん》

側頭部に広がり、ほお骨を通って顎関節につながる。あごを動かすときに働き、食いしばりグセなどで、多くの人がかたく緊張させやすい筋肉。

舌骨筋群《ぜっこつきんぐん》

あご裏の「舌骨上筋《じょうきん》群」と、首の前側でこれと引き合う「舌骨下筋《かきん》群」に分かれる。舌の上げ下げや嚥下（飲み込み）に使われ、加齢で衰えやすい。

胸《きょう》鎖《さ》乳突筋《にゅうとつきん》

耳の後ろから首の中央につながる太く長い筋肉。ボウリング球にも匹敵する重さの頭部を支え、特にスマホが普及した現代はかたくこりやすい部分。

STEP 1

はがす

首が突き出た姿勢で緊張しがちな部分をほぐす

首が出て、前に縮みがちな姿勢によって負荷がかかる首やあごの筋肉。皮下脂肪をまんべんなくはがし、緊張をとり除きます。

1

ほお骨の下で、耳の前側にある薄い皮膚を広くつまんで引っぱり、小刻みにゆらして皮下脂肪をはがします。

POINT!

耳の前側は、「側頭筋」が連結している部分。皮下脂肪はがしを行うだけでも、緊張しがちなあごの関節まわりがラクになるのを感じるはず。

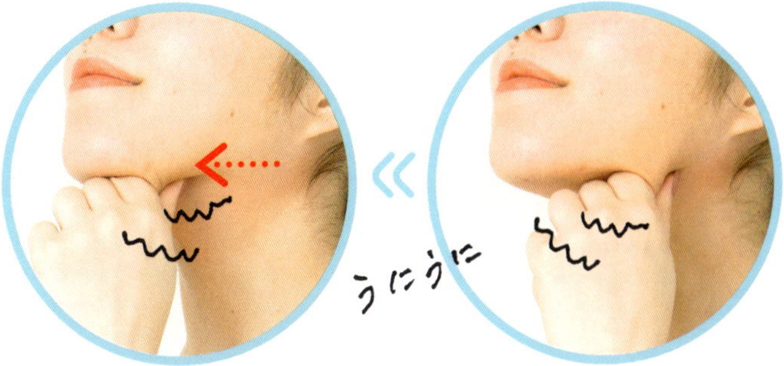

2

あごの骨に沿って、内側から皮下脂肪を
はがします。耳の下からあごのまん中まで、
まんべんなくつまんで、左右両側で行いましょう。

3

首を斜めに走る
「胸《きょう》鎖《さ》乳《にゅう》突《とつ》筋《きん》」を
つまみ、皮下脂肪を
たぐり寄せたら
小刻みにゆらします。
耳下から鎖骨まで、
上～下へまんべんなく。

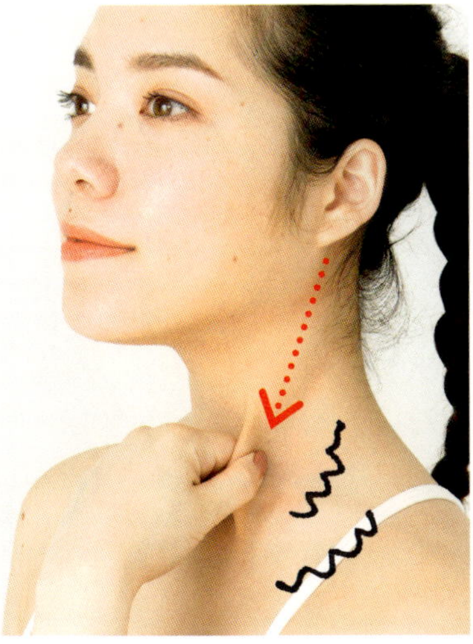

POINT!

胸鎖乳突筋は、首を横に倒すことやねじることで簡単に確認できます。片側ずつ行うのが効果的ですが、急ぐ場合は両手で左右同時に行っても。

STEP 2

動かす

あご裏と首の前側を最大限に伸ばして強化

筋肉の端を押さえることで、首のストレッチ効果がアップ。さらに舌を最大限に使った動きで、衰えがちな筋肉を強化します。

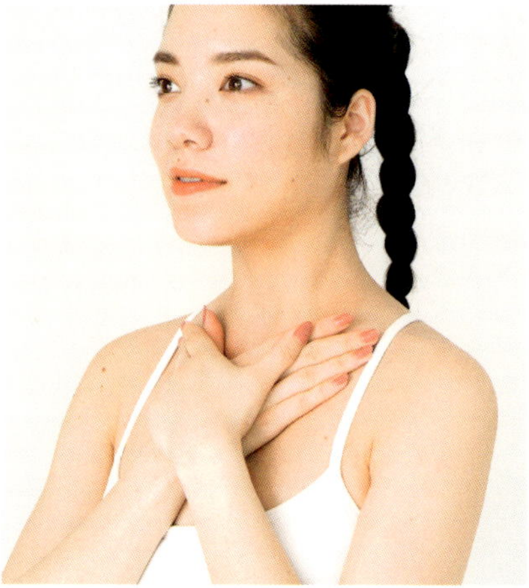

1

両手をクロスして
手のひらを鎖骨に当て、
皮膚を押し下げる
ように引っぱります。
ここからあご先を
上に向け、首の前側を
ぐぐーっと伸ばして。

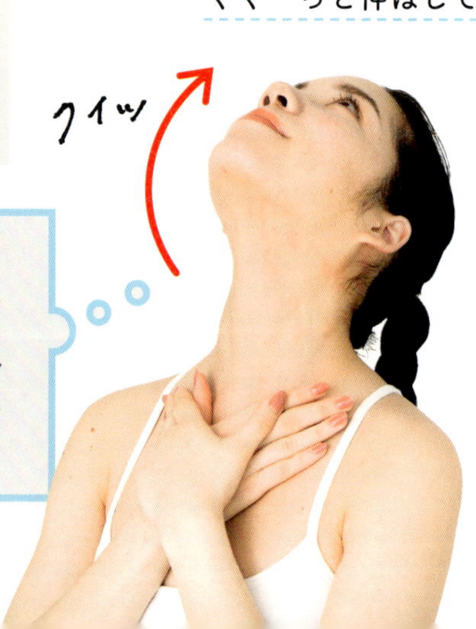

POINT!

首を斜めに走る「胸《きょう》鎖《さ》乳突筋《にゅうとつきん》」は、鎖骨と胸の中心にある胸骨に付着しています。両手でここを押さえることで、ストレッチ効果が大幅アップ！

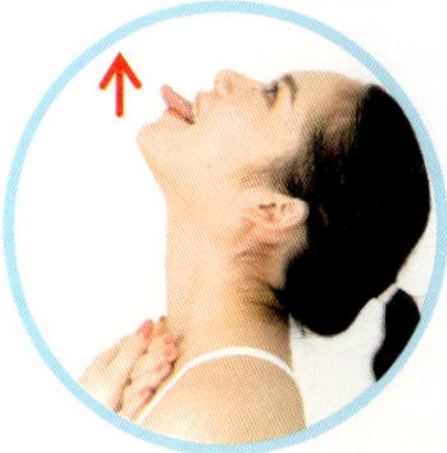

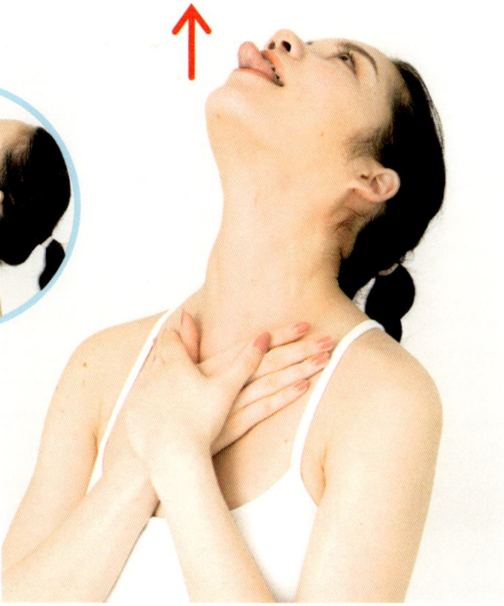

2

鎖骨を押さえて
あごも上げたまま、舌を
出して上に伸ばします。
これだけでも、首の前側が
伸びるのを感じるはず。

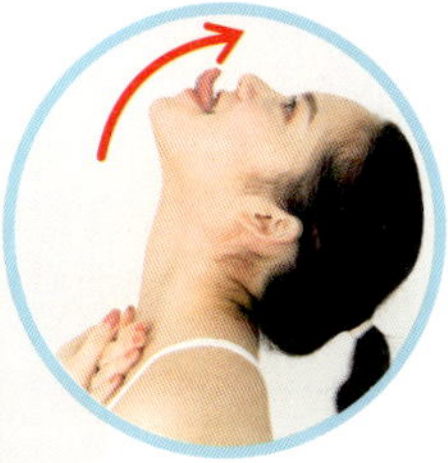

3

上げた舌の先をさらに
鼻へ近づけ、30秒キープ。
首の前側と、ここにつながる
あごの裏側が同時に
ぐぐーっと引き伸ばされます。

POINT!

あご裏の「舌骨上筋群《ぜっこつじょうきんぐん》」は舌を上げるときに働く筋肉。首の「舌骨下《か》筋《きん》群」はこれと引き合い、それぞれの筋肉の作用を最大限に引き出します。

ほお

頭の側面にある「側頭筋」は、あごを動かすのに使われる筋肉。実は、多くの人が無意識に行う「食いしばり」のクセによって、ここをかたく緊張させています。

その結果、起きるのが「ほおのたるみ」。ほお骨に付着する側頭筋がうまく使えないことで、ここから口元やあごにつながる筋肉の引き上げ力も弱ってしまうのが原因です。

そのためSTEP1では、側頭筋を癒着させる皮下脂肪をはがし、まず動きをとり戻します。STEP2では、目線やあごの力によるサポートで、その動きを強化。たるみを引き起こす原因を除き、リフトアップを目指しましょう。

STEP 1 はがす → p.100

「かむ」働きで無意識に
緊張する筋肉をねらって

STEP 2 動かす → p.102

側頭筋の動きを使って
内側からリフトアップ

ねらうのは ココ！

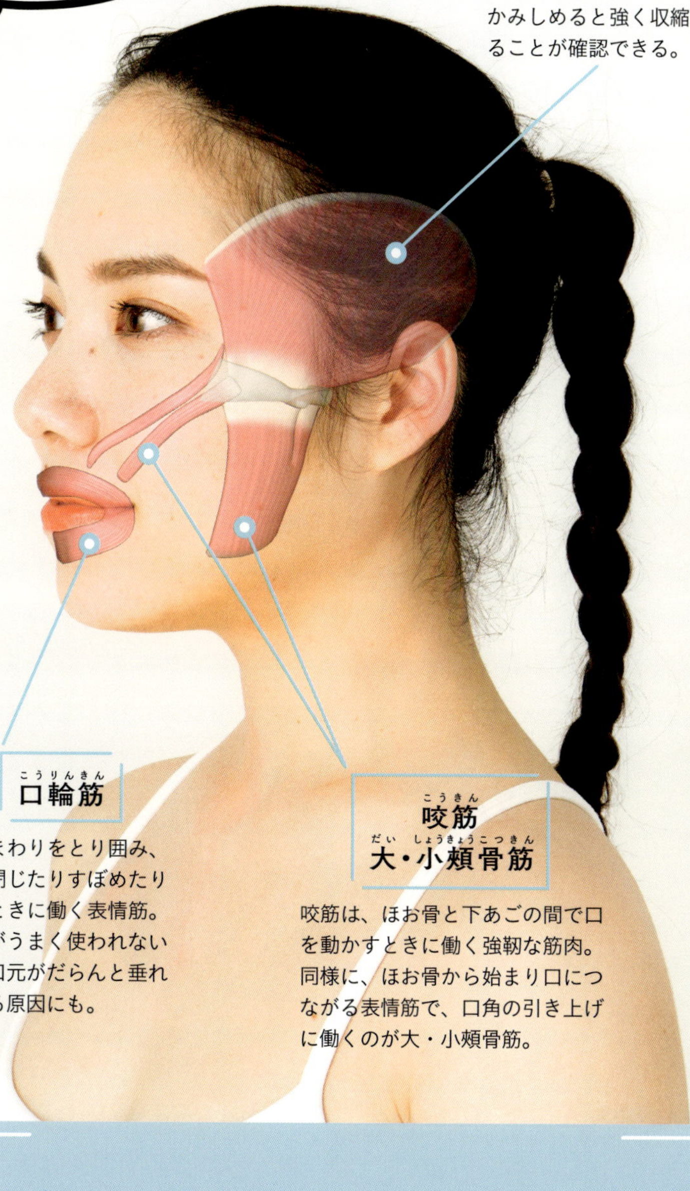

側頭筋《そくとうきん》

側頭部からほお骨、顎関節につながり、あごを動かすときに働く筋肉。こめかみに手を当て、歯をかみしめると強く収縮することが確認できる。

口輪筋《こうりんきん》

口のまわりをとり囲み、唇を閉じたりすぼめたりするときに働く表情筋。ここがうまく使われないと、口元がだらんと垂れ下がる原因にも。

咬筋《こうきん》
大《だい》・小頬骨筋《しょうきょうこつきん》

咬筋は、ほお骨と下あごの間で口を動かすときに働く強靭な筋肉。同様に、ほお骨から始まり口につながる表情筋で、口角の引き上げに働くのが大・小頬骨筋。

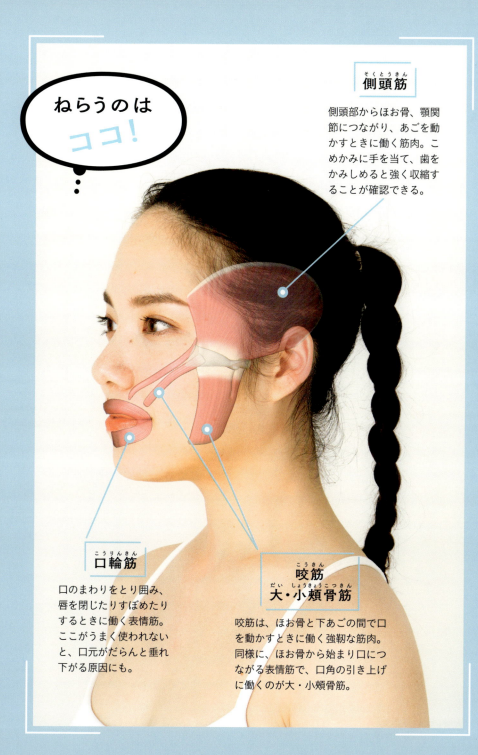

STEP 1

はがす

「かむ」働きで無意識に緊張する筋肉をねらって

食いしばりグセなどで硬直しやすく、ほおをたるませる原因になる筋肉から癒着した皮下脂肪をはがし、動きをとり戻します。

1

耳の前側をつまみ、
皮下脂肪を引っぱって
小刻みにゆらします。
両手で同時に行うと、
痛みに左右差がある場合も。

POINT!

ほお骨の下であごにつながる「側頭筋」は、かむときに働く「咬筋《こうきん》」とつながります。食いしばりが気になる人は、耳の前を広めにはがすと◎。

2

耳のまん中を
根元からつまみ、
イタ気持ちいい程度に
引っぱりましょう。
これだけでも、
皮下脂肪が連動して
はがれやすくなります。

3

耳を引っぱったまま
深く呼吸すると
筋肉がさらに
ゆるみます。
吐く息を特に長く、
10回くらい
繰り返しましょう。

STEP 2

動かす

側頭筋の動きを使って内側からリフトアップ

目の動きやあごの力も使いながら、多くの表情筋へとつながる側頭筋を積極的に動かして内側からリフトアップを目指します。

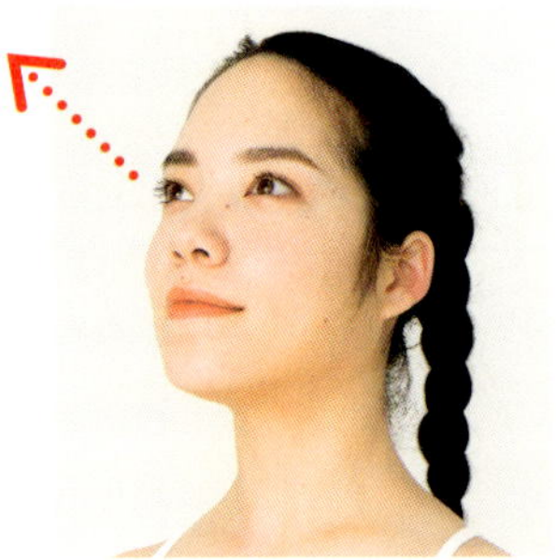

1

斜め上を見上げ、
あごを上げる。

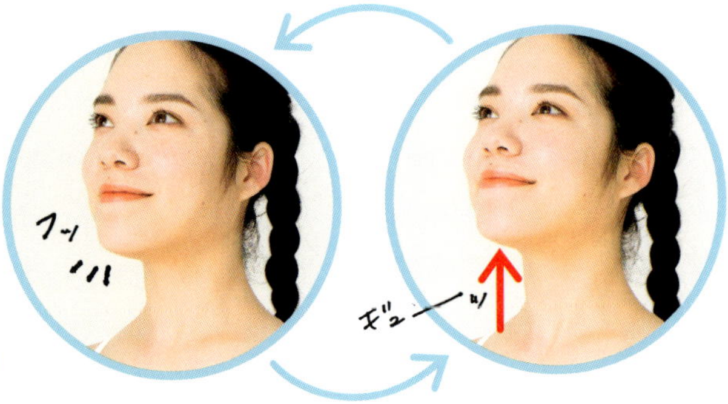

2

歯をギュッと５秒かみしめ、５秒力を抜く、
を５～10回繰り返しましょう。
STEP１でほぐした側頭筋を効果的に鍛えます。

Part 4

パーツ別
引き締め
エクササイズ

「皮下脂肪はがし」のSTEP１・２で
うまく使えずにかたくなっていた筋肉の
スムーズな動きをとり戻したら、
いよいよエクササイズの出番。
気になる部分にターゲットを絞って筋力を
強化し、内側から引き締めていきましょう。

筋肉がターゲット!

エクササイズのススメ

皮下脂肪をはがしたら
動きのよくなった筋肉を
効率よく鍛えましょう!

パーツ別

やせたい部分の引き締め

「やせたい」と思うなら、**筋肉にある程度の負荷がかかるエクササイズ**で筋力をつけていくことが必要です。ただし、**まずは「皮下脂肪はがし」で筋肉の動きをよくしたうえで行う**のが必須条件。最初はキツい場合もあると思いますが、まずはできる範囲で行い、慣れたら少しずつセット数をふやすといいでしょう。**筋肉量がふえれば代謝もアップし、内側から引き締まった体に**なれるはず！

\\ ココを引き締め！ //

下半身エクササイズ

［太もも・おしりアップ］

→ p.108

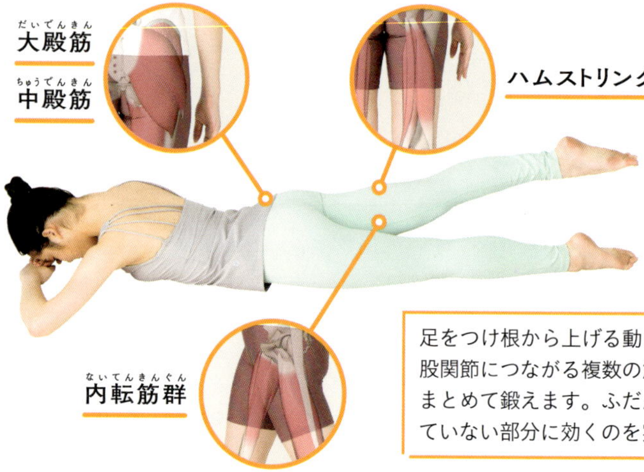

足をつけ根から上げる動きで、股関節につながる複数の筋肉をまとめて鍛えます。ふだん使えていない部分に効くのを実感！

Check!

ふくらはぎを鍛えるエクササイズは不要！

足先の近くで体重を支えるふくらはぎは、筋肉の偏った使われ方で太く見えがちな部分。それに追い打ちをかける筋トレは避け、筋肉をバランスよく使うことを優先して（p.38）。

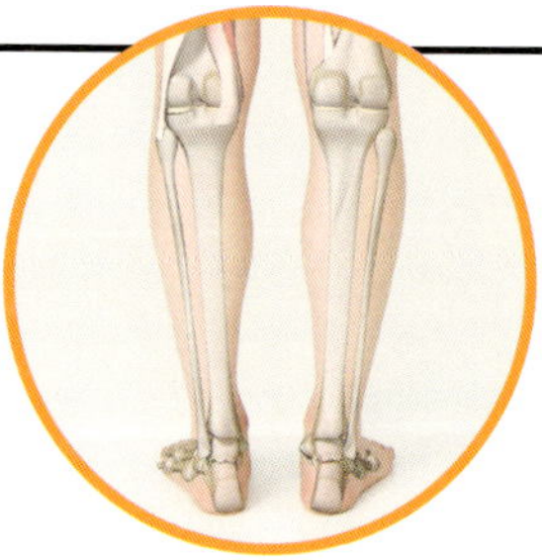

足パカ内転筋トレ

→ p.110

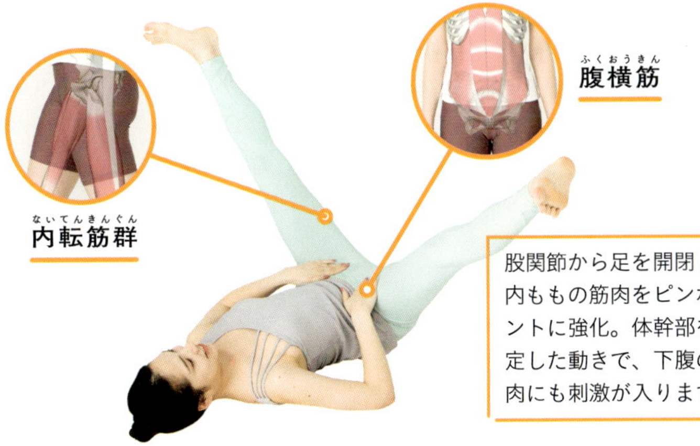

股関節から足を開閉して、内ももの筋肉をピンポイントに強化。体幹部を固定した動きで、下腹の筋肉にも刺激が入ります。

ワイドスクワット

→ p.112

足を広げ、いすに座るようにおしりを突き出すスクワット。股関節を屈曲させ、うまく使われない太ももの筋肉を鍛えます。

下半身エクササイズ

太もも・おしりアップ

うまく使えない人が多い太ももの裏側と内側、さらにおしりの筋肉をまとめて鍛えるエクササイズ。最大のポイントは、足を“つけ根から上げる”こと。骨盤底筋も連動させながら、股関節につながる筋肉がしっかり使われるのを感じましょう。

Point!

つま先を内側へ向け、
内ももを引き締めて。

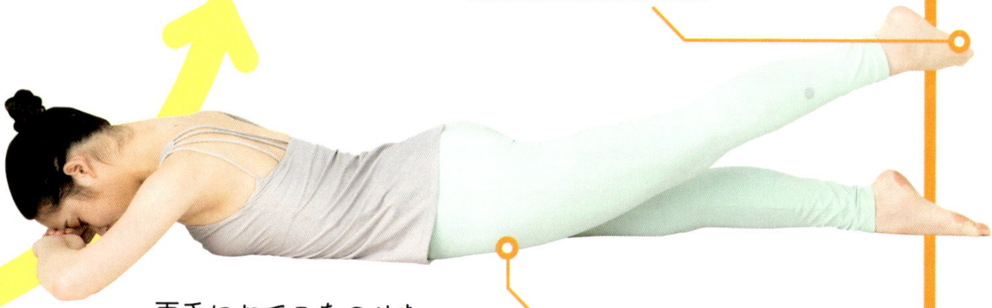

Point!

股関節をしっかり使い、
足のつけ根からアップ。

1

両手におでこをのせた
うつぶせの姿勢からスタート。
おなかとそけい部は床につけ、
つま先を伸ばしたまま、足を
内向きに大きくアップして。

2

そけい部をつけたまま、
反対の足も交互に上げて
10回ずつ繰り返します。
慣れてきたら2～3セットに
ふやして続けましょう。

Point!

骨盤底筋の前側を引き締めると効果アップ。

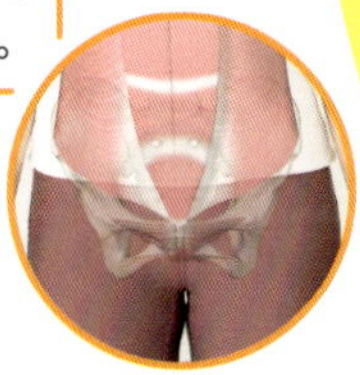

NG!

つま先が外に開いたり、そけい部を浮かせて足を上げると、もも裏や内ももの筋肉にうまく刺激が入りません。斜め内側にアップするイメージで行うと◎。

下半身エクササイズ

足パカ内転筋トレ

内ももの「内転筋群」は、足を閉じる動きで働く筋肉。股関節のクロスポイント（p.35）を押さえながら、足を大きく開閉する動きで集中的に鍛えていきましょう。体幹部を固定した動きによって、下腹の筋肉にも刺激が入ります。

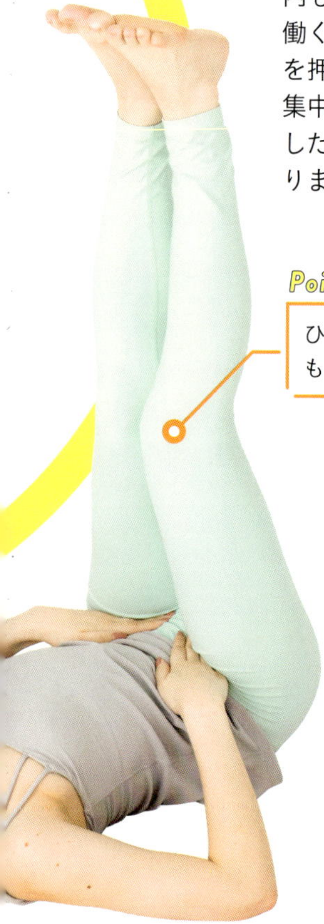

Point!

ひざは軽く曲げて、前ももの余分な力を抜く。

1

あおむけでひざを曲げ、そけい部に両手を当てたら、これを股関節ではさむように両足をアップ。ひざは軽く曲げておきましょう。

Point!

股関節から動かして内ももの筋肉を働かせる。

2

息を吸いながら、両足をできるだけ大きく開きます。続いて息を吐きながら足を閉じます。これを10回続けましょう。慣れたら2～3セット繰り返して。

NG!

腰がそってしまうと、内ももの筋肉がうまく働きません。背中～腰をしっかり床につけ、股関節から大きく足を開くように意識して。

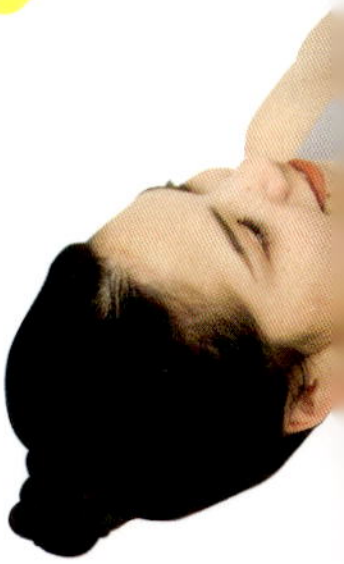

下半身エクササイズ

ワイドスクワット

股関節を深く曲げながら、ここに付着するもも裏や内ももの筋肉を鍛えます。また外くるぶし側へ体重をのせて足を開くと、内ももの筋肉をさらに強化できます。ちょっとしたコツで、筋肉が持つ動きを最大限に引き出して。

1

両足を肩幅の1.5倍目安に開いて立ち、つま先は斜め45度の「ハ」の字に。さらに股関節のクロスポイント（p.35）に両手を当てましょう。

Point!

そけい部に沿わせるように両手を当てる。

Side

Point!

足のつけ根を股関節からしっかり曲げていく。

Point!

外くるぶしの下に体重をのせて足を開く。

Point!

ひざを曲げる角度は90度を目標に。

2

股の前側を締めながら、いすに座るようにおしりを突き出し足のつけ根を股関節から曲げてキープします。

10回×２～３セットを目標に。

＼ココを引き締め！／

上半身エクササイズ

［足上げ下腹エクササイズ］

→ p.116

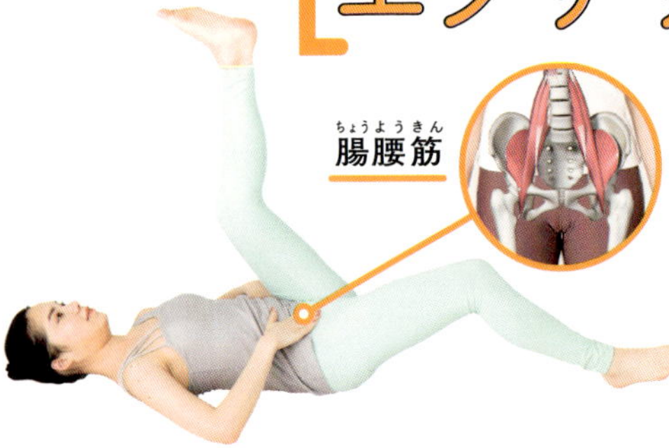

片足ずつ交互に上げ下げして、背骨～大腿骨をつなぐ股関節のインナーマッスルを強化。下腹を内側から引き締めます。

［わき腹クロス腹筋］

→ p.118

上体を対角にねじる動きで、わき腹にある腹筋を伸び縮みさせて強化します。わきと股関節のクロスポイント（p.34・35）を意識！

ピストル背面スライダー

→ p.120

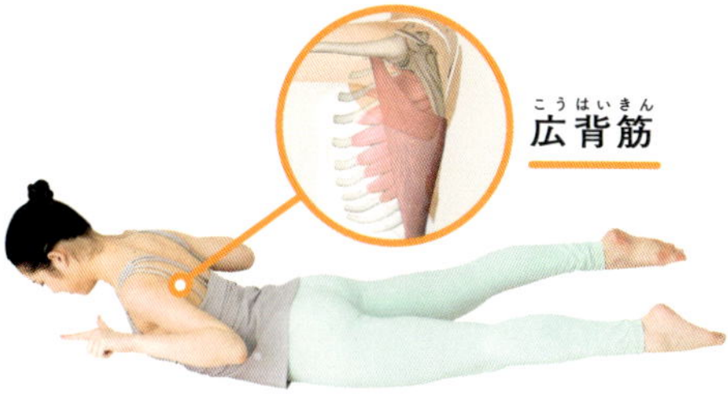

ピストルポーズの手をスライドさせ、上体を起こすエクササイズ。わきを締めながら、衰えがちな背中の筋肉を鍛えます。

手のひら返し背筋

→ p.122

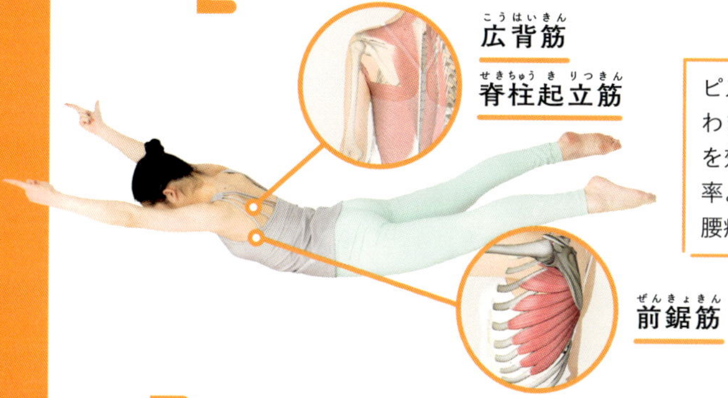

ピストルの手をひねり、わきのインナーマッスルを効かせながら背中を効率よく鍛えます。ただし腰痛がある人は避けて。

二の腕プッシュアップ

→ p.124

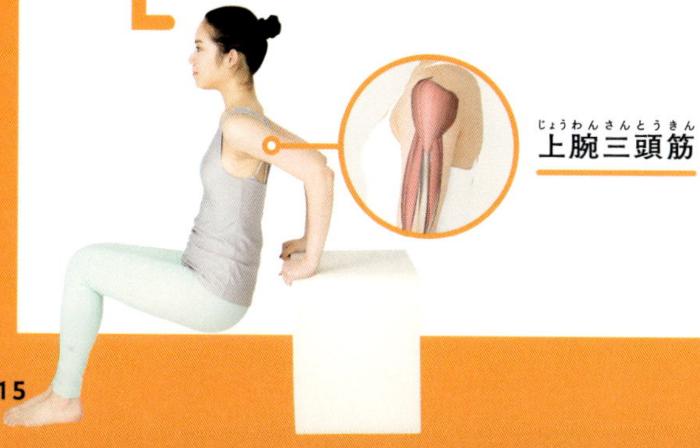

腕の裏側でも、特にうまく使うことのできない内側を鍛えます。わきをしっかり閉じ、負荷を感じながら行って。

上半身エクササイズ

足上げ下腹エクササイズ

足を使ったエクササイズですが、ここでのターゲットは股関節の「腸腰筋」。ひざを軽く曲げ、両足をしっかり閉じることで内ももに効かせつつ、下腹の奥で背骨〜大腿骨をつなぐこのインナーマッスルを効率よく強化します。

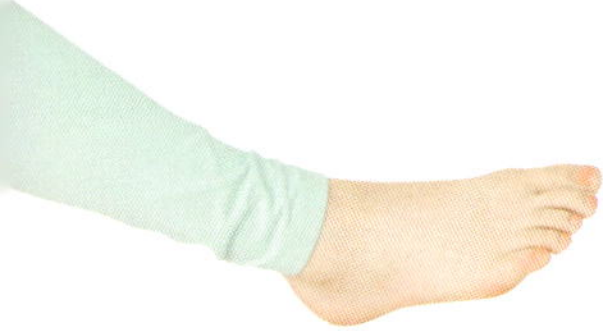

Point!

下げた足は床からギリギリのところでキープ。

1

あおむけでひざを立て、
股関節に指を当てて深く曲げ
さらにひざを軽くゆるめて
両足をアップします。

NG!

腰がそったり、足が外に開いてしまうと、股関節の「腸腰筋」がうまく働きません。背中〜腰が床から浮かないように注意しましょう。

Point!

足が外に開かないようまっすぐ真上にアップ。

2

両足のひざは軽く
曲げたまま、片足を
ゆっくりおろします。
続いて左右の足を
交互に
上げ下げして10回×
2〜3セットを目標に。

上半身エクササイズ

わき腹クロス腹筋

上体をねじる動きで、わき腹にある腹筋を伸び縮みさせて強化します。大切なのは、対角にあるわきと股関節のクロスポイント（p.34・35）を近づけること。インナーマッスルをしっかり使い、引き締め効果を高めます。

1

あおむけになって
両手を頭の後ろで組み、
足のつけ根から
両ひざを深く曲げます。

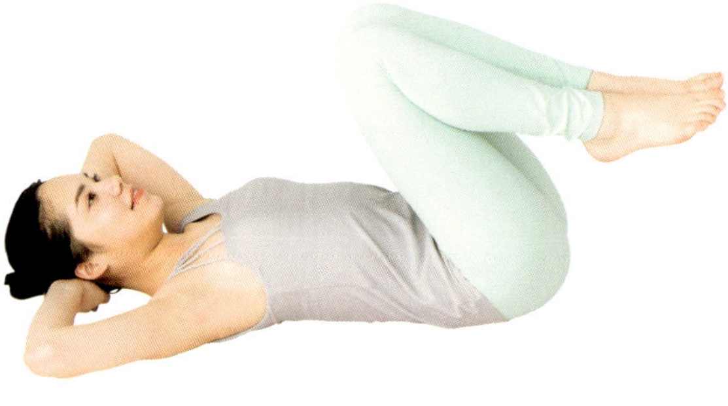

Point!

クロスポイントを使い
上体をしっかりねじる。

2

Point!

股関節を深く曲げて、
わき腹の筋肉を縮める。

上体をねじりながら起こし、反対側の股関節と、わきのクロスポイント同士を近づけます。もう一方の足はまっすぐ伸ばして、そのまま５秒キープ。

3

左右の足をかえ、
上体を交互にねじりながら
10回繰り返します。
余裕が出てきたら
２～３セットにふやして。

NG!

ひじとひざを近づけただけでは上体が起きず、ねじりの効果も十分に得られません。わきのクロスポイントをしっかり意識！

上半身エクササイズ

ピストル
背面スライダー

わきを締めながら上体を起こす動作で、衰えがちな背中の筋肉をトレーニング。このとき肩甲骨を寄せると、効果が半減するので注意！　また、骨盤の前側を押しつけて行うと、腰を守りながら内ももやおしりも刺激できます。

1

うつぶせになり、両手の小指・薬指・中指を曲げて「ピストルポーズ」に。両足はラクな幅に開いて足先を伸ばします。

2

息を吸いながら、両ひじを
引いて上体を起こし
同時に両足もアップします。
息を吐きながら戻り、
10回×2～3セットを目標に。

Point!
肩甲骨は寄せず、肩を
下げて首を長くキープ。

Point!
上体はしっかり起こす。
頭だけ上げるのはNG。

Point!
骨盤の前側を押しつけ
内ももを働かせる。

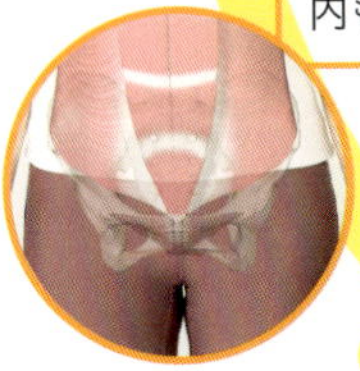

Point!
手はピストルポーズで
わきが使いやすくなる。

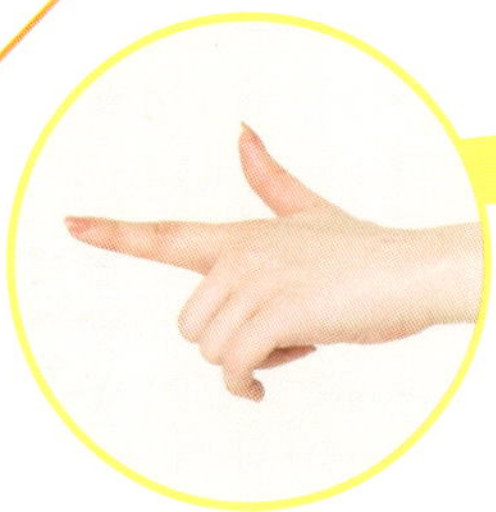

上半身エクササイズ

手のひら返し背筋

ピストルの手をねじり、わきのインナーマッスルを使って背中の筋肉を効率よく鍛えます。骨盤の前側を押しつけることで、体幹部を安定させるのもコツ。ただし腰に負担がかかるので、痛みがあれば避けたほうがベターです。

1

うつぶせになり、両手を「ピストルポーズ」にして手のひらを上に向けます。足先は伸ばし、ラクな幅に開いて。

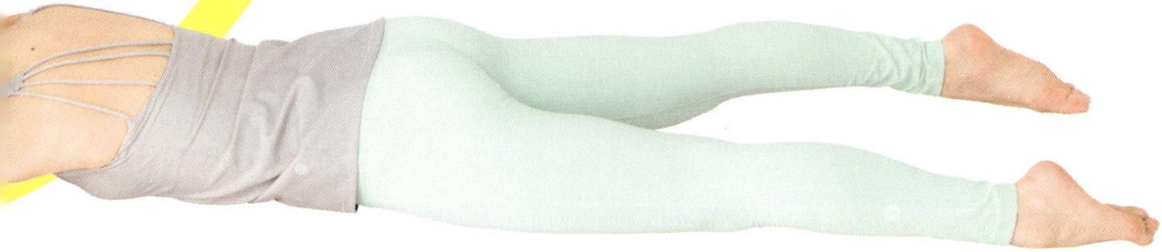

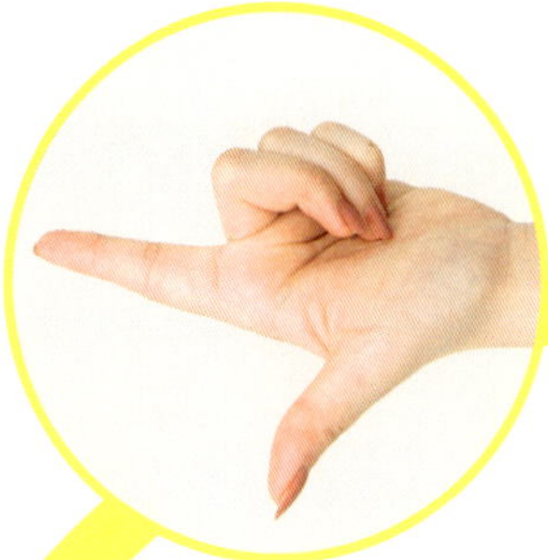

Point!

ピストルをねじるようにして上体を起こす。

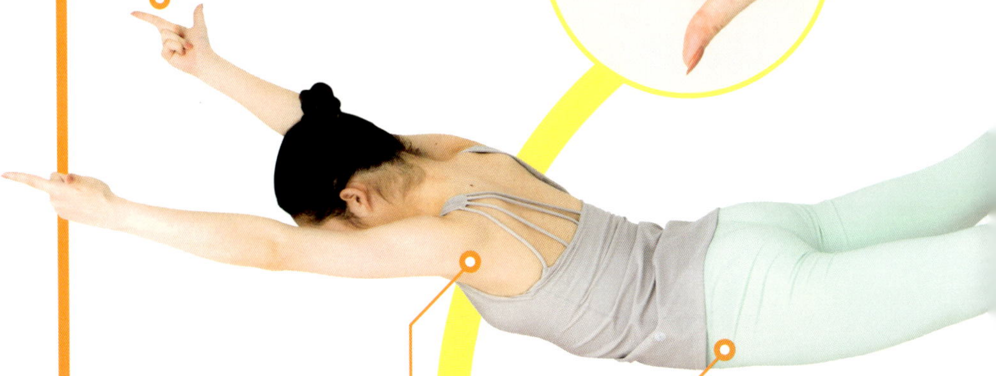

Point!

腕をわきからアップ＆肩はすくめないこと！

Point!

骨盤の前を押しつけて足を股関節からアップ

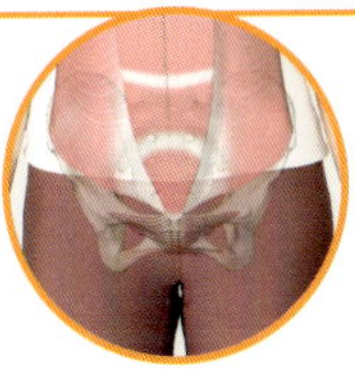

2

息を吸いながら、ピストルの手のひらをねじるようにして両手・両足を同時にアップ。

息を吐きながら戻り、

10回×２～３セットを目標に。

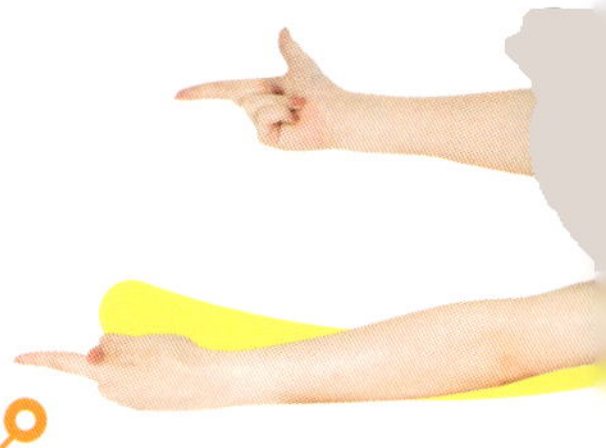

Point!

小指・薬指・中指を曲げてピストルポーズに。

上半身エクササイズ

二の腕プッシュアップ

二の腕でも特にうまく使われない「上腕三頭筋」の内側をねらって鍛えます。負荷が大きいエクササイズなので最初は少ない回数から始め、それでも難しい人はp.84のSTEP 2で、少しずつ筋力をつけて慣らしていきましょう。

1

いすなどの安定した台に両手をついて腰を浮かせ、ひじを伸ばして支えます。

Point!

肩をすくめないように注意！　二の腕の内側を効かせると◎。

2

息を吐きながら、腕を曲げて腰をできる範囲で落とします。ひじは閉じたまま、わきのクロスポイント（p.34）を意識して行うとgood。

息を吸いながら、
ひじを伸ばして
上体をアップ。
2と3の動きを
繰り返し、10回×
2～3セットを
目標にしましょう。

3

Point!

肩を下げ、わきを締めたままひじを伸ばす。

NG!

ひじが外に開いたり、背中がダランと曲がってしまうと、二の腕にしっかり刺激が入りません。上体はまっすぐにキープしましょう。

おわりのメッセージ

パーソナルトレーナー・鍼灸師
柴雅仁